O Guia de Bolso para Quem Não É C.D.F.

Frases em Espanhol

Tradução da Terceira Edição

Gail Stein

ALTA BOOKS
EDITORA
Rio de Janeiro, 2012

O Guia de Bolso Para Quem Não É CDF: Frases em Espanhol – Tradução da 3ª edição
Copyright © 2012 da Starlin Alta Editora e Consultoria Ltda.
ISBN: 978-85-7608-658-1

Produção Editorial
Editora Alta Books

Gerência Editorial
Anderson da Silva Vieira

Supervisão Editorial
Angel Cabeza
Augusto Coutinho

Controle de Qualidade Editorial
Sergio Luiz de Souza

Editoria de Séries
Bruna Serrano
Isis Batista
Thiê Alves

Equipe Editorial
Adalberto Taconi
Andréa Bellotti
Andreza Farias
Bianca Massacesi
Brenda Ramalho
Cláudia Braga
Cristiane Santos
Daniel Siqueira
Evellyn Pacheco
Gianna Campolina
Iuri Santos
Jaciara Lima
Juliana de Paulo
Lara Gouvêa
Licia Oliveira
Milena Souza
Marcelo Vieira
Marco Silva
Patrícia Fadel
Paulo Camerino
Pedro Sá
Rafael Surgek
Vanessa Gomes
Vinicius Damasceno

Tradução
Carlos Otto

Revisão Gramatical
Ana Cláudia

Revisão Técnica
Isis Batista
Bacharel em Letras – Português-Espanhol e Pós-Graduada em Tradução de Espanhol.

Diagramação
Márcia Matos

Marketing e Promoção
Daniel Schilklaper
marketing@altabooks.com.br

1ª Edição, 2012

Dados Internacionais de Catalogação na Publicação (CIP)

S819g Stein, Gail.
O guia de bolso para quem não é C.D.F. : frases em espanhol / Gail Stein. – Rio de Janeiro, RJ: Alta Books, 2012.
248 p.
Inclui índice e apêndice.
Tradução de: The pocket idiot's guide to Spanish phrases (3. ed.)
ISBN 978-85-7608-658-1

1 1. Língua espanhola - Conversação e frases - Português. 2. Língua espanhola - Gramática. 3. Língua espanhola - Compêndios para estrangeiros. I. Título.
2

CDU 806.0(035)
CDD 468.3

Índice para catálogo sistemático:
Língua espanhola : Compêndios 806.0(035)
(Bibliotecária responsável: Sabrina Leal Araujo – CRB 10/1507)

ALTA BOOKS
EDITORA

Rua Viúva Cláudio, 291 – Bairro Industrial do Jacaré
CEP: 20970-031 – Rio de Janeiro – Tels.: 21 3278-8069/8419 Fax: 21 3277-1253
www.altabooks.com.br – e-mail: altabooks@altabooks.com.br
www.facebook.com/altabooks – www.twitter.com/alta_books

Este livro é dedicado ao meu marido e revisor paciente, Douglas; aos meus filhos Eric — habilidoso consultor de informática — e Michael — meu mais ardoroso fã; à sua esposa maravilhosa, Katherine; e aos meus pais, Sara e Jack Bernstein, cujo amor e apoio fizeram com que eu me tornasse a mulher que sou hoje.

Sumário

Introdução

Então você quer falar espanhol. Seria por ser uma língua sensual, cujo sotaque faz seu coração bater mais forte e suas pernas tremerem? Ou talvez seja por causa do aroma de uma refinada paella caseira que faz seu estômago roncar só de pensar nela. Ou seria, quem sabe, por causa dos sedutores anúncios que mostram as lindas areias brancas e as águas azuis das praias de Cancún e o convidam a uma temporada de férias? Seja qual for a razão que tenha levado você a querer aprender o idioma, este livro o ajudará a conseguir resultados rápidos e eficientes.

Agora, olhe calma e atentamente ao seu redor: o idioma espanhol está em toda parte. Portanto, este é melhor momento para se familiarizar com palavras, frases e expressões que poderão ser muito úteis no seu cotidiano. Rapidamente, você vai apreciar as vantagens que o conhecimento do espanhol pode proporcionar a você, em qualquer situação.

O Que Você Vai Encontrar Aqui

Neste livro você vai aprender pronúncia e gramática de forma agradável e leve mas, claro; com toda a rapidez e precisão. Quer você seja estudante, viajante ou alguém do "mundo dos negócios"; este livro vai ensiná-lo o básico, mas ao mesmo tempo, oferecerá o vocabulário e as frases mais importantes para, praticamente, todas as situações cotidianas. Você conhecerá uma ampla variedade de tópicos: desde alimentação e vestuário, aos esportes, saúde e lazer, entre outros.

Este não é simplesmente um *livro de frases*, uma pequena gramática ou um guia de viagens - é uma combinação de todos estes livros. Isso, além de torná-lo especial, o transforma em ferramenta muito útil para pessoas que querem uma síntese diversificada da língua espanhola. Dessa forma você poderá compreender - e se fará compreender de maneira fácil e objetiva - ainda que passe por situações embaraçosas ou frustrantes. Sim, aprender espanhol pode ser muito divertido!

Escrevi este livro tendo você, leitor, em mente. É por isso que ele é tão prático. Assim que terminar a leitura, você será capaz, por exemplo, de pedir uma refeição adequada à sua dieta, de assistir a um filme em espanhol sem precisar de legendas, de encontrar um par perfeito para dançar merengue e de entender os procedimentos de revista no aeroporto. Poderá ainda escolher formas rentáveis de investimento financeiro ou comprar lentes de contato novas caso perca as suas após um mergulho. Você ficará surpreso e maravilhado diante da rapidez com que vai aprender tudo que precisa saber.

Além de todas as listas de vocabulário, frases, explicações gramaticais, referências e guias de pronúncia, este livro contém muitas dicas importantes em quadros distribuídos ao longo do texto:

Dica Extra

Procure aqui por sugestões e conselhos extras sobre o idioma.

¡Cuidado!

Preste atenção! Estes quadros indicam ciladas e armadilhas das quais você precisa desviar.

Agradecimentos

Obrigada! Obrigada! Agradeço a pessoas muito especiais que fizeram diferença na minha vida e que a enriqueceram de forma plena. Portanto, deixo um especial "Amo vocês!" acompanhado de abraços e beijos para:

Ray Elias por garantir que as livrarias locais mantivessem meus livros em estoque e por ser uma pessoa ainda mais especial, mesmo após 40 anos.

Roger H. Hertz por ser um consultor fabuloso.

Marty Hyman por me dar os melhores conselhos imagináveis sobre legislação.

Christina Levy por ser a melhor conselheira e confidente de todo o mundo.

Terry Bordan por me encorajar constantemente.

E obrigada a todos os colaboradores da Alpha Books.

Agradecimentos Especiais ao Revisor Técnico

O livro original foi revisado por um especialista – Clark Zlotchew – que verificou por duas vezes a exatidão do conteúdo desta obra para nos ajudar a garantir a você a eficácia e agilidade deste livro. Portanto, deixo aqui um agradecimento especial a ele.

Marcas Registradas

Guia Rápido de Pronúncia para Estrangeiros

Embora o espanhol seja uma língua estrangeira, é de fácil pronúncia devido à sua fonética. É muito fácil! Simplesmente diga cada palavra exatamente como você a vê. As probabilidades de que você pareça um falante nativo – ou quase isso – são grandes.

Acentue o Positivo

Você vai perceber que há três marcas de acentuação em espanhol:

- O ´ indica apenas que você deve pôr mais ênfase na vogal.
- O ~ aparece somente sobre a letra *n*. Ele produz o som "nh". O *ñ* é considerado uma letra separada, e não um "n" acentuado.
- O ¨ é usado quando há um ditongo (duas vogais na mesma sílaba). Ele indica que cada vogal deve ser bem pronunciada separadamente.

¡Cuidado!

Todas as letras em espanhol são pronunciadas, exceto a letra *h*, que é sempre silenciosa. A letra *v* é pronunciada como a letra *b* em português. O *k* e o *w* são usados apenas em palavras de origem estrangeira.

Pronúncias Diferentes para Pessoas Diferentes

As pronúncias seguintes correspondem ao espanhol falado nas Américas do Sul e Central e em certas áreas da Espanha.

Letras	Som	Exemplo	Pronúncia
		Vogais	
a	a	Ana	a-na
e	ê (som sempre fechado, como em "cedo")	entrar	en-trar[*]
i	i	idea	i-de-a
o	o (som sempre fechado, como em "bolo")	oficina	o-fi-ci-na
u	u	usar	u-ssar
	Ditongos (encontros vocálicos)		
ae	a-e	aeropuerto	a-e-ro-puer-to
ai	a-i	aire	a-i-re
au	au	auto	au-to
ea	e-a	reacción	re-ac-ci-on
ei	e-i	beisból	beis-bol

Continua

[*] O *r* sublinhado indica que o som é vibrante

Continuação

Letras	Som	Exemplo	Pronúncia
eo	e-o	feo	fe-o
eu	e-u	Europa	eu-ro-pa
ia	i-a	Gloria	glo-ria
ie	i-e	fiesta	fies-ta
io	i-o	avión	a-bi-on
iu	i-u	ciudad	ciu-dad
oa	o-a	toalla	to-a-lha
oe	o-e	oeste	o-es-te
oi	o-i	oiga	oi-ga
ua	ua	guardar	guar-dar
ue	ue	cuesta	cues-ta
ui	ui	cuidado	cui-da-do
uo	u-o	continuo	con-ti-nu-o
		Consoantes	
b	b	bueno	bue-no
c	som de c (suave) antes de e, i;	centro	cen-tro
	som de k nos outros casos	casa	ca-ssa
ch	tch	Chile	tchi-le
d	d	dos	dos
f	f	favor	fa-bor
g	som de rr (suave) antes de e, i	general	rre-ne-ral
	som de g (forte) nos outros casos	gracias	gra-cias
h	silencioso	hombre	om-bre
k	k	kilo	ki-lo

Continua

(Continuação)

Letras	Som	Exemplo	Pronúncia
j	rr (som suave como em rádio)	juventud	rru-ben-tud
l*	l	lista	lis-ta
ll**	lh	llama	lha-ma
m	m	madre	ma-dre
n	n	nada	na-da
ñ	nh	año	a-nho
p	p	padre	pa-dre
q	k	Quito	ki-to
r	r	salero	sa-le-ro
rr***	rr (som forte, vibrante)	carro	ca-rro
s	ss	sí	si
t	t	toro	to-ro
v	b	vender	ben-der
x****	ks	extra	eks-tra
y*****	dj	yo	djo
z	s	zoo	so

*O som do "l", em espanhol, não se assemelha ao som do "u", como ocorre muitas vezes em português no final das palavaras ou antes de consoantes.

**O som do "ll" varia de acordo com a região. Aqui, adotaremos o som que se assemelha ao "lh" do português.

***Em português, o "rr" tem um som suave. Já em espanhol, seu som é bem forte, vibrante.

****O "x" pode ter som de "s" no início de palavra.

*****O som da letra "y" varia de acordo com a região. Além disso, quando está no final de palavra ou antes de consoante, tem som de "i".

Tudo sobre Tonicidade

As regras para tonicidade em espanhol são claras, mas requerem algum estudo:

- Quando uma palavra terminar em vogal, em *n* ou *s*, coloque a ênfase na penúltima sílaba (são paroxítonas). Por exemplo: *camisa, imposible, muchacho, examen, tipos.*
- Quando uma palavra termina com qualquer outra letra diferente das mencionadas acima, a ênfase fica na última sílaba (são oxítonas). Por exemplo: *pastel, hablar, juventud.*
- Todas as exceções às duas regras acima têm um acento sobre a vogal da sílaba tônica, por exemplo: *algún, lámpara, inglés, médico.*

As únicas exceções às regras acima são as palavras de origem estrangeira, geralmente palavras originárias do inglês, que preservam a sua pronúncia e escrita originais, por exemplo: *sandwich, e-mail.*

As palavras em espanhol são pronunciadas exatamente como são escritas.

Dica Extra

O *r*, em espanhol, tem sempre som vibrante, e o *rr* é mais vibrante ainda!

Capítulo 1

Um Plano de Ação

Neste Capítulo

- Ponto de partida: um bom começo
- O que você já sabe
- Cognatos

Você quer aprender espanhol rapidamente. A forma mais fácil e eficiente de atingir esse objetivo é mergulhando fundo. Imergir completamente em tudo que se refira ao espanhol, em absolutamente tudo. O segredo é apaixonar-se não somente pela língua, mas também pela cultura.

Vamos Começar

Siga as sugestões abaixo se você quer desenvolver rapidamente uma relação duradoura e satisfatória com o idioma espanhol:

- Seja sincero consigo mesmo. Quais são seus reais objetivos? Quanta habilidade linguística você possui? Você tem um bom ouvido para línguas? Determine quanto tempo você quer dedicar ao espanhol e cumpra-o. Prossiga no seu ritmo. Não há pressa!

- De uma forma ou de outra, adquira um bom dicionário bilíngue. Os de bolso (que não costumam ser caros) podem ser suficientes para as necessidades de alguns aprendizes, mas deficientes para outros. Estes que indicamos estão entre os mais populares, são fáceis de usar e compreensíveis. Ambos possuem um vocabulário atualizado, coloquial e também frases e expressões idiomáticas:

  Minidicionário Larousse Espanhol-Português/Português-Espanhol (aproximadamente R$29,90)

  Michaelis Pequeno Dicionário Espanhol-Português/Português-Espanhol (aproximadamente R$22,00)

- Ouça espanhol sempre que puder. Nunca perca uma oportunidade de se envolver com a língua. Uma ampla seleção de filmes estrangeiros está disponível em grandes videolocadoras. Você também pode encontrar vídeos e música na internet. Veja e ouça! Faça empréstimos de CDs de aprendizado do idioma em uma biblioteca próxima e preste atenção nos sons do espanhol.
- Leia tudo o que você puder. Leia para si mesmo ou em voz alta diante do espelho. Pratique sua compreensão e pronúncia ao mesmo tempo. Procure um jornal em espanhol (*El País*, por exemplo) e saiba o que está acontecendo no mundo hispânico.

- Escolha um lugar adequado na sua casa que seja como *un rincón español* (um recanto espanhol). Dedique essa área ao seu novo projeto. Faça com que seja algo especial.

Dica Extra

O seu conhecimento de espanhol é, sem dúvida, maior do que você imagina. É verdade. Você sabe mais do que pensa que sabe. Animal, capital, favor, tutor, piano, mosquito - a lista de palavras idênticas em espanhol e português é surpreendentemente extensa!

Cognatos

Você quer aprender espanhol de forma realmente rápida? Aprenda os seus cognatos! O que é isso? Simples, um cognato é uma palavra escrita da mesma forma (ou quase da mesma forma) que uma palavra em português e que possui o mesmo significado. Obviamente, os cognatos são pronunciados de forma diferente em cada língua, mas o sentido da palavra em espanhol está claro para qualquer falante do português.

Quer começar logo? As Tabelas 1.1 e 1.2 fornecem exemplos de palavras que são iguais (ou quase iguais) em ambos os idiomas.

Tabela 1.1 Cognatos Exatos

Adjetivos	Substantivos Masculinos (el)	Substantivos Femininos (la)
cruel (cru-el)	animal (a-ni-mal)	banana (ba-na-na)
grave (gra-be)	hospital (os-pi-tal)	soda (so-da)
elegante (e-le-gan-te)	mar (mar)	fiesta (fies-ta)
natural (na-tu-ral)	motor (mo-tor)	rádio (ra-dio)
tropical (tro-pi-cal)	presidente (pre-ssi-den-te)	vaca (va-ca)

Tabela 1.2 Cognatos Quase Exatos

Adjetivos	Substantivos Masculinos	Substantivos Femininos
amarillo (a-ma-ri-lho)	actor (ac-tor)	actriz (ac-tris)
blanco (blan-co)	automóvil (au-to-mo-bil)	cabeza (ca-be-ssa)
cobarde (co-bar-de)	azúcar (a-ssu-car)	ciudad (ciu-dad)
colectivo (co-lec-ti-bo)	caballo (ca-ba-lho)	clase (cla-sse)
confortable (con-for-ta-ble)	cabello (ca-be-llo)	fuerza (fu-er-za)
exacto (e-ksac-to)	ejercicio (e-rrer-ci-cio)	lucha (lu-tcha)
feo (fe-o)	ejército (e-rrer-ci-to)	mujer (mu-rrer)
fuerte (fu-er-te)	espíritu (es-pi-ri-tu)	opinión (o-pi-ni-on)

Continua

Continuação

Adjetivos	Substantivos Masculinos	Substantivos Femininos
necessario (ne-ce-ssa-rio)	fuego (fue-go)	persona (per-so-na)
pequeño (pe-ke-nho)	libro (li-bro)	tierra (ti-e-rra)
simple (sim-ple)	pensamiento (pen-sa-mien-to)	toalla (to-a-lha)
soñador (so-nha-dor)	tren (tren)	universidad (u-ni-ber-ssi-dad)

Verbos

Os verbos (palavras que representam ações) também podem ser cognatos. Assim como em português, os verbos em espanhol são classificados conforme três terminações: 1ª conjugação (terminados em *-ar*) 2ª conjugação (terminados em *-er*); 3ª conjugação (terminados em *-ir*. Os verbos que pertencem à mesma conjugação e seguem as mesmas regras são chamados verbos regulares.

Os verbos abaixo são fáceis de reconhecer e alguns possuem cognatos em português.

Verbos Terminados em -ar	Verbos Terminados em -er	Verbos Terminados em -ir
acompañar (a-com-pa-nhar)	comprender (com-pren-der)	aplaudir (a-plau-dir)
celebrar (ce-le-brar)	responder (res-pon-der)	decidir (de-ci-dir)
declarar (de-cla-rar)	vender (ben-der)	describir (des-cri-bir)

Continua

Continuação

entrar (en-trar)	comer (co-mer)	persuadir (per-su-a-dir)
observar (ob-ser-bar)	correr (co-rrer)	omitir (o-mi-tir)
preparar (pre-pa-rar)	merecer (me-re-cer)	recibir (re-ci-bir)
usar (u-ssar)		sufrir (su-frir)

Capítulo 2

Gramática num Piscar de Olhos

Neste Capítulo

- Substantivos
- Verbos
- Adjetivos
- Advérbios
- Preposições

Se você quer realmente falar espanhol como um nativo, ficará feliz em saber que falar um idioma estrangeiro não significa ter de traduzir mentalmente muitas páginas de regras. Com a abordagem comunicativa atual, você não precisa andar por aí com um dicionário debaixo do braço. Ao contrário, nesse novo contexto, você aprenderá a usar a linguagem e seus padrões naturalmente, da mesma forma que um falante nativo. Para fazer isso, você precisa conhecer a gramática básica bem como as expressões e os coloquialismos usados.

Substantivos

Substantivos nomeiam pessoas, lugares, coisas ou ideias. Assim como em português, podem ser substituídos por pronomes (ele, ela, eles...). Todos os substantivos em espanhol possuem gênero, ou seja, uma designação masculina ou feminina. Também possuem um número (singular ou plural). Os artigos servem como identificadores dos substantivos e geralmente ajudam a indicar gênero e número.

Gênero

Assim como em português, os substantivos podem ter gênero masculino ou feminino. Observe na Tabela 2.1 os artigos no singular. Eles devem sempre concordar com o gênero do substantivo e, por isso, ajudam a identificá-lo.

Tabela 2.1 Artigos no Singular

	Português	Espanhol	Português	Espanhol
Masculino	o	el	um	un
Feminino	a	la	uma	una

Assim como no português, algumas terminações de substantivos tornam fácil a tarefa de determinar o gênero. Em geral, substantivos masculinos terminam em *-o* e substantivos femininos terminam em *-a*. Claro que há outras terminações, e algumas são diferentes do português. Veja a Tabela 2.2 que apresenta exemplos de terminações femininas e masculinas.

Tabela 2.2 Identificando Facilmente o Gênero

Terminações Masculinas		Terminações Femininas	
-o	carro	-a	fiesta
-aje	paisaje	-ción	porción
		-dad	oportunidad
		-tad	amistad
		-tud	juventud
		-umbre	costumbre

Dica Extra

Alguns substantivos podem ser tanto masculinos como femininos dependendo se o falante se refere a algo masculino ou feminino. Nesses casos mude o artigo sem mudar o substantivo:

el artista *la artista*

el estudiante *la estudiante*

Alguns substantivos são sempre masculinos ou sempre femininos, não importa a pessoa a quem você se refira:

el bebé *la persona*

Obviamente, sempre há exceções à regra. Esteja atento para não ficar preguiçoso, relaxado ou confiante demais. As exceções a seguir são fáceis para o falante de português, porque as mesmas ocorrem em nosso idioma.

- Substantivos masculinos que terminam em *-a:*

  el clima, o clima

  el día, o dia

  el idioma, o idioma

  el mapa, o mapa

  el problema, o problema

  el programa, o programa

  el telegrama, o telegrama

- Substantivos femininos que terminam em *-o*:

  la mano, a mão

  la radio, a rádio (estação ou aparelho)

  la foto, a foto

  la moto, a moto

Número

Quando um substantivo em espanhol se refere a mais de uma pessoa, lugar, coisa ou ideia, ele precisa ser usado no plural, exatamente como no português. A Tabela 2.3 mostra os artigos no plural. Os artigos concordam também em número com os substantivos, assim como no português.

Tabela 2.3 Artigos no Plural

	Português	Espanhol	Português	Espanhol
Masculino	os	los	uns	unos
Feminino	as	las	umas	unas

Formar o plural dos substantivos em espanhol é bem fácil. Basta adicionar *-s* a um substantivo no singular que termine em vogal e *-es* a um substantivo no singular que termine em consoante.

el muchacho	*los muchachos*	*el autor*	*los autores*
la muchacha	*las muchachas*	*la ciudad*	*las ciudades*

Dica Extra

Nada é adicionado nos substantivos que originalmente terminam em *-s*, exceto nos substantivos terminados em *-és*:

el jueves	*los jueves*

MAS

el inglés	*los ingleses*

¡Cuidado!

Para os substantivos que terminam em -z, substitua o *z* por c antes de adicionar *-es*:

el pez	*los peces*
uma actriz	*unas atrices*

Verbos em Ação

Verbos são palavras que indicam ações ou estados. Eles requerem um sujeito, quer esteja explícito ou implícito. O sujeito pode ser um substantivo ou um pronome e, assim como no português, indica pessoa e número, conforme Tabela 2.4.

Tabela 2.4 Pronomes Pessoais

Pessoa	Singular	Plural
primeira	yo (djo), eu	nosotros (no-sso-tros), nós nosotras (no-sso-tras), nós (quando todas as pessoas referidas são mulheres)
segunda	tú (tu), tu	vosotros (bo-sso-tros), vós vosotras (bo-sso-tras), vós (quando todas as pessoas referidas são mulheres)
terceira	él (el), ele ella (e-lha), ela usted (Ud.) (us-ted), você	ellos (e-lhos), eles ellas (e-lhas), elas ustedes (Uds.) (us-te-des), vocês

Os pronomes pessoais, assim como em português, não estão sempre explícitos. Isso ocorre porque a terminação do verbo geralmente identifica claramente quem é o sujeito.

Para falar sobre um grupo de mulheres use *nosotras, vosotras* ou *ellas.* Ao falar sobre um grupo misto de pessoas use sempre o masculino plural, independentemente do número de homens no grupo.

Tú é usado para se referir a um parente, amigo próximo ou criança. Em todos os outros casos use *usted (Ud.)* que, em espanhol, é considerada uma forma polida de tratamento. A forma *vosotros* é usada especialmente na Espanha. Em alguns países de fala hispânica das Américas, a forma *Uds.(ustedes)* é usada tanto para tratamento formal como informal.

Os verbos geralmente são apresentados no infinitivo. O infinitivo é a forma do verbo quando ele não está conjugado. Conjugação refere-se à mudança da terminação do verbo de forma que ele expresse o sujeito e o tempo (presente, passado etc.). Os verbos podem ser regulares (a maioria dos verbos com a mesma terminação segue as mesmas regras) ou irregulares (não há regras, é necessário memorizá-los).

O Presente

Verbos regulares em espanhol pertencem a uma das três conjugações, como dito anteriormente: verbos cujo infinitivo termina em *-ar*, *-er* ou *-ir*. Os verbos que pertencem à mesma conjugação são conjugados exatamente da mesma forma. Depois que você aprende o padrão para uma delas, você sabe todos os verbos regulares pertencentes a essa conjugação.

O presente é usado:

- Para expressar o que geralmente acontece o tempo todo:

  Miro la televisión todas las noches.

  Assisto à televisão todas as noites.

- Para expressar eventos que estão acontecendo no presente:

  Mis amigos van al cine.

  Meus amigos vão ao cinema.

- Para indicar ações ou eventos que vão ocorrer no futuro imediato:

  Te veo mañana.

  Te vejo amanhã.

- Para expressar uma ação que começou no passado e continua no presente. Usado com *hace* + espaço de tempo + *que:*

  Hace un año que estudio español.

  Faz um ano que estudo espanhol.

A Tabela 2.5 mostra como conjugar os verbos no presente.

Tabela 2.5 O Presente dos Verbos Regulares

Sujeito	**Terminados em -ar (hablar)**	**Terminados em -er (comer)**	**Terminados em -ir (abrir)**
yo	habl**o**	com**o**	abr**o**
tú	habl**as**	com**es**	abr**es**
el, ella, ud.	habl**a**	com**e**	abr**e**
nosotros	habl**amos**	com**emos**	abr**imos**
vosotros	habl**áis**	com**éis**	abr**ís**
ellos, ellas, uds.	habl**an**	com**en**	abr**en**

Tabelas de Verbos

As Tabelas 2.6, 2.7 e 2.8 fornecem listas práticas dos verbos mais frequentemente usados terminados em *-ar, -er* e *ir.* Esses são os verbos que você vai utilizar mais em qualquer situação.

Tabela 2.6 Verbos Terminados em -ar

Verbo	Pronúncia	Significado
acompañar	a-com-pa-nhar	acompanhar
alquilar	al-ki-lar	alugar
aterrizar	a-te-rri-ssar	aterrizar
ayudar	aiu-dar	ajudar
buscar	bus-car	buscar
cambiar	cam-biar	trocar
comprar	com-prar	comprar
desear	de-sse-ar	desejar
entrar	en-trar	entrar
escuchar	es-cu-tchar	escutar
estudiar	es-tu-diar	estudar
explicar	eks-pli-car	explicar
firmar	fir-mar	firmar, assinar
hablar	ha-blar	falar
invitar	in-bi-tar	convidar
lavar	la-bar	lavar
llegar	lhe-gar	chegar
mirar	mi-rar	olhar
necesitar	ne-ce-ssi-tar	necessitar
pagar	pa-gar	pagar
pasar	pa-ssar	passar
preguntar	pre-gun-tar	perguntar

Continua

Continuação

Verbo	Pronúncia	Significado
presentar	pre-ssen-tar	apresentar
prestar	pres-tar	emprestar
regresar	rre-gre-ssar	regressar
reparar	re-pa-rar	reparar
reservar	rre-sser-bar	reservar
telefonear	te-le-fo-ne-ar	telefonar
terminar	ter-mi-nar	terminar
tocar	to-car	tocar
tomar	to-mar	tomar, pegar
usar	u-ssar	usar
viajar	bi-a-rrar	viajar

Tabela 2.7 Verbos Terminados em -er

Verbo	Pronúncia	Significado
aprender	a-pren-der	aprender
beber	be-ber	beber
comer	co-mer	comer
comprender	com-pren-der	compreender
creer	cre-er	crer
deber	de-ber	dever
leer	le-er	ler
responder	res-pon-der	responder
vender	ben-der	vender

Tabela 2.8 Verbos Terminados em -ir

Verbo	Pronúncia	Significado
abrir	a-brir	abrir
asistir	a-ssis-tir	assistir
decidir	de-ci-dir	decidir
describir	des-cri-bir	descrever
escribir	es-cri-bir	escrever
recibir	re-ci-bir	receber
subir	su-bir	subir
vivir	bi-bir	viver

Dica Extra

Há verbos que são irregulares apenas na 1ª pessoa do singular (yo). Eles terminam em *go* e não em *o* no presente do indicativo. Os mais comuns são:

yo digo	eu digo
yo hago	eu faço
yo oigo	eu ouço
yo pongo	eu ponho
yo salgo	eu saio
yo tengo	eu tenho
yo traigo	eu trago
yo valgo	eu valho
yo vengo	eu venho

Os "verbos do sapato" exigem uma mudança ortográfica que funciona como se colocássemos os pronomes pessoais que seguem um conjunto de regras dentro da bota ou sapato e os outros fora. O sapato ou bota assemelha-se ao desenho:

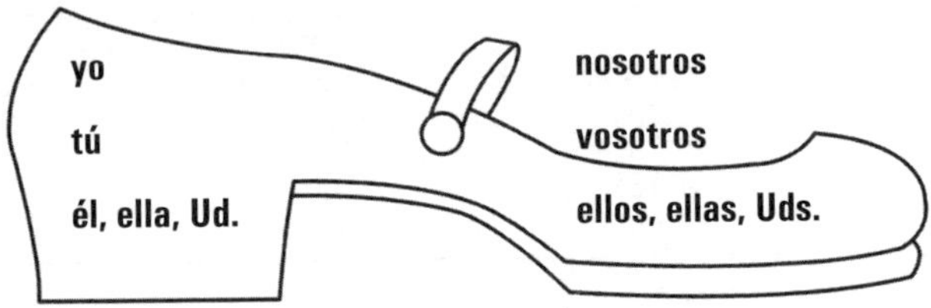

Observe que esses verbos possuem mudanças para todos os pronomes pessoais exceto *nosotros* e *vosotros.*

As mudanças ocorrem da seguinte maneira:

- Verbos que terminam em *-ar* e *-er*:

  A vogal no radical da palavra sofre a seguinte mudança:

  e* muda para *ie

  *p**e**nsar* *yo p**ie**nso* *nosotros pensamos*

  *qu**e**rer* *yo qu**ie**ro* *nosotros queremos*

  o* muda para *ue

  *m**o**strar* *yo m**ue**stro* *nosotros mostramos*

  *p**o**der* *yo p**ue**do* *nosotros podemos*

- Verbos que terminam em *-ir*:

  A vogal no radical do verbo sofre a seguinte mudança:

  e* muda para *ie

  preferir *yo pref**ie**ro* *nosotros preferimos*

  o* muda para *ue

  dormir *yo d**ue**rmo* *nosotros dormimos*

  e* muda para *i

  pedir *yo p**i**do* *nosotros pedimos*

Dica Extra

Nos verbos que terminam em *-uir* (mas não em *-guir*), insira um *y* depois do *u* em todas as formas que estão dentro do sapato:

yo incluyo	*nosotros incluimos*
tú incluyes	*vosotros incluís*
él incluye	*ellos incluyen*

Verbos terminados em *-iar* e em *-uar*, como guiar, enviar e *continuar* requerem um acento em todas as formas, exceto *nosotros*:

yo envío	*nosotros enviamos*
tú envías	*vosotros enviáis*
él envía	*ellos envían*

Estar + Gerúndio

Utilizamos a estrutura "**estar + gerúndio**" para expressar o que um sujeito está fazendo agora, neste momento. O verbo *estar* deve concordar o sujeito e é seguido imediatamente pelo gerúndio do verbo que indica a ação.
Os gerúndios são formados da seguinte forma:

- Se o infinitivo do verbo termina em *-ar*, substitua o *-ar* por *-ando:*

  *habl**ar*** (falar) *habl**ando*** (falando)

  Están hablando español.

  Estão falando espanhol.

- Se o infinitivo do verbo termina em *-er* ou *-ir*, substitua a respectiva terminação por *-iendo:*

  *beb**er*** (beber) *beb**iendo*** (bebendo)

  Estoy bebiendo té.

  Estou bebendo chá.

  *escrib**ir*** (escrever) *escrib**iendo*** (escrevendo)

  Que estás escribiendo?

  O que você está escrevendo?

Dica Extra

Se um verbo terminado em *-er* ou *-ir* tem um radical que termina em vogal, adicione *-yendo* em vez de *-endo*:

leer (ler) *leyendo* (lendo)

Está leyendo el periódico.
Ele está lendo o jornal.

oír (ouvir) *oyendo* (ouvindo)

Estamos oyendo malas notícias.
Estamos ouvindo más notícias.

O Pretérito (Passado)

O pretérito expressa uma ação que começou ou foi concluída num tempo específico do passado, ainda que o tempo não tenha sido mencionado.

La película empezó a las ocho.

O filme começou às oito.

Me levanté temprano.

Acordei cedo.

Também pode expressar uma ação ou evento que foi repetido um número determinado de vezes.

Fui a España tres veces.

Fui à Espanha três vezes.

Para formar o pretérito dos verbos regulares, substitua a terminação do infinitivo (*-ar*, *-er*, *-ir*) e adicione as terminações como exemplificado na Tabela 2.9. Observe que os verbos regulares terminados em *-er* e *-ir* têm a mesma terminação no pretérito.

Tabela 2.9 Formando o Pretérito dos Verbos Regulares

	Terminados em -ar usar	**Terminados em -er comer**	**Terminados em -ir abrir**
yo	us**é**	com**í**	abr**í**
tú	us**aste**	com**iste**	abr**iste**
él	us**ó**	com**ió**	abr**ió**
nosotros	us**amos**	com**imos**	abr**imos**
vosotros	us**asteis**	com**isteis**	abr**isteis**
ellos	us**aron**	com**ieron**	abr**ieron**

¡Cuidado!

Nos verbos terminados em *-car*, *-gar*, e *-zar* faça as seguintes alterações para formar o pretérito e observe as respectivas mudanças ortográficas somente na forma *yo*:

c muda para *qu* — *Yo lo busqué.* Eu procurei por isso.

g muda para *gu* — *Yo pagué mucho.* Eu paguei muito.

z muda para *c* — *Yo lo gocé.* Eu gostei disso.

A maioria dos verbos irregulares em espanhol possui as mesmas terminações no pretérito independentemente da sua terminação no infinitivo. Essas terminações são as seguintes:

yo	*-e*	*nosotros*	*-imos*
tú	*-iste*	*vosotros*	*-isteis*
él	*-o*	*ellos*	*-ieron*

¡Cuidado!

Os verbos irregulares *ir* e *ser* têm as mesmas formas no pretérito:

yo fui, tú fuiste, él fue, nosotros fuimos, vosotros fuisteis, ellos fueron

As irregularidades dos verbos abaixo são muito frequentes no pretérito:

Verbo	Radical do Verbo
andar	anduv-
caber	cup-
estar	estuv-
hacer (fazer)	hic-, hiz- (com él, ella e Ud.)
poder	pud-
querer	quis-
saber	sup-
tener (ter)	tuv-
venir (vir)	vin-

¡Cuidado!

A terminação *-ieron* para verbos irregulares se torna *-eron* depois da letra *j*:

decir (dizer)	*dijeron*
producir (produzir)	*produjeron*
traer (trazer)	*trajeron*

Observe o pretérito irregular semelhante dos seguintes verbos:

dar: di, diste, dio, dimos, disteis, dieron

ver: vi, viste, vio, vimos, visteis, vieron

O Pretérito Imperfeito

O pretérito imperfeito expressa ações, eventos, situações ou estados contínuos ou repetitivos no passado. Ele é usado nas seguintes situações:

- Para descrever o que acontecia ou costumava acontecer repetidamente no passado:

  Los niños jugaban.

  As crianças brincavam.

  Todos los sábados yo iba al cine.

  Todo sábado eu ia ao cinema.

- Para expressar uma ação contínua no passado:

  Elena trabajaba por la noche.

  Elena trabalhava à noite.

- Para descrever pessoas, coisas ou um tempo específico do passado:

  Su madre era muy bonita.

  Sua mãe era muito bonita.

  La calle estaba desierta.

  A rua estava deserta.

  Eran las cinco de la tarde.

  Era cinco da tarde.

- Para expressar um estado mental no passado com verbos como *creer, pensar, poder, querer, saber*:

  Ella pensaba ir de compras.

  Ela pensava (estava pensando) em ir às compras.

- Para descrever uma situação que estava ocorrendo no passado quando outra ação ocorreu:

  Yo salía cuando el teléfono sonó.

  Eu saía (estava saindo) quando o telefone tocou.

Para formar o pretérito imperfeito dos verbos regulares, substitua a terminação do infinitivo (*-ar*, *-er*, *-ir*) pelas terminações mostradas na Tabela 2.10. Observe que as terminações do pretérito imperfeito são iguais para verbos terminados em *-er* e *-ir*.

Tabela 2.10 Formando o Pretérito Imperfeito

	Terminados em -ar	Terminados em -er	Terminados em -ir
yo	-aba	-ía	-ía
tú	-abas	-ías	-ías
él	-aba	-ía	-ía
nosotros	-ábamos	-íamos	-íamos
vosotros	-abais	-íais	-íais
ellos	-aban	-ían	-ían

Os três verbos que são irregulares no pretérito imperfeito são mostrados na Tabela 2.11.

Tabela 2.11 Verbos Irregulares no Pretérito Imperfeito

	ir	ser	ver
yo	iba	era	veía
tú	ibas	eras	veías
él	iba	era	veía
nosotros	íbamos	éramos	veíamos
vosotros	ibais	erais	veíais
ellos	iban	eran	veían

O Futuro

O futuro pode ser expresso de três formas:

- Usando o presente.

  Ellos llegan esta noche.

  Eles chegam esta noite.

- Usando *ir* + *a* + infinitivo de um verbo.

  Ellos van a llegar esta noche.

  Eles vão chegar esta noite.

- Usando a forma no futuro.

  Ellos llegarán esta noche.

  Eles chegarão esta noite.

A forma do futuro é formada pela adição das terminações do futuro ao infinitivo regular dos verbos, conforme segue:

yo	*-e*	*nosotros*	*-emos*
tú	*-ás*	*vosotros*	*-éis*
él	*-á*	*ellos*	*-án*

Ud. trabajará mañana.

Você trabalhará amanhã.

Yo venderé mi coche pronto.

Eu venderei o meu carro logo.

Ellos recibirán el paquete.

Eles receberão o pacote.

Os verbos a seguir possuem radical irregular no futuro e, portanto, não usam o infinitivo. Para formar o futuro, simplesmente adicione a terminação às raízes indicadas:

caber	caber	*cabr-*
decir	dizer	*dir-*
hacer	fazer	*har-*
poder	poder	*podr-*

poner	pôr	*pondr-*
querer	querer	*querr-*
saber	saber	*sabr-*
salir	sair	*saldr-*
tener	ter	*tendr-*
valer	valer	*valdr-*
venir	vir	*vendr-*

O Condicional

O condicional expressa o que o sujeito faria ou o que aconteceria sob certas circunstâncias. É formado pela adição das terminações do pretérito imperfeito da 1ª e da 2ª conjugação ao radical de verbos regulares e irregulares no futuro, como é indicado a seguir:

yo	*-ía*	*nosotros*	*-íamos*
tú	*-ías*	*vosotros*	*-íais*
él-	*ía*	*ellos*	*-ían*

¿Me hablaría?
Ele falaria comigo?

Diríamos la verdad.
Diríamos a verdade.

O Subjuntivo

Os tempos verbais vistos anteriormente pertencem ao modo indicativo (modo que expressa fatos reais). O modo subjuntivo expressa desejo, dúvidas, fatos hipotéticos. O presente do subjuntivo é usado para expressar ações no presente ou no futuro.

O subjuntivo é usado quando há as seguintes condições:

- Há duas orações diferentes, com dois sujeitos distintos.
- As duas orações são unidas pelo *que*.
- Uma das orações expressa desejo, dúvida ou um fato hipotético.

Para formar o subjuntivo dos verbos regulares, nos verbos terminados em *-ar*, adicione a terminação dos verbos terminados em *-er*/*-ir* no presente do indicativo (*-e, -es, -e, -emos, -éis, -en*). Para os verbos terminados em *-er*/*-ir*, adicione as terminações dos verbos terminados em *-ar* no presente do indicativo (*-a, -as, -a, -amos, -áis, -an*). Como se pode ver, apenas a 1ª pessoa (*yo*) muda. A terminação *o* do presente do indicativo muda para *-e* e *-a*, respectivamente, no subjuntivo.

Es importante que te hable.
É importante que eu fale contigo.

El profesor duda que él aprenda mucho.
O professor duvida que ele aprenda muito.

Es posible que ellas escriban esta carta.
É possível que elas escrevam esta carta.

Os verbos a seguir, que possuem formas irregulares para o presente do indicativo na primeira pessoa do singular (yo), também terão formas irregulares no subjuntivo:

conocer	*conhecer*	*conozc-*
decir	*dizer*	*dig-*

hacer	*fazer*	*hag-*
oír	*ouvir*	*oig-*
poner	*pôr*	*pong-*
salir	*sair*	*salg-*
traer	*trazer*	*traig-*
venir	*vir*	*veng-*

¡Cuidado!

Em todas as formas do subjuntivo:

Para verbos terminados em *-car*, c muda para *qu*:

yo busque

Para verbos terminados em *-gar*, *g* muda para *gu*:

nosotros paguemos

Para verbos terminados em *-zar*, *z* muda para *c*:

ellos crucen

Nos "verbos do sapato" com mudança de radical:

- Verbos terminados em *-ar* e *-er* sofrem as mesmas mudanças do tempo presente no subjuntivo.

que yo piense	*que nosotros pensemos*
que tú vuelvas	*que vosotros volváis*

- Verbos terminados em *-ir* possuem as mesmas mudanças de radical no subjuntivo para *yo, tú, él* e *ellos*, mas o *e* muda para *i* ou o *o* muda para *u* com *nosotros* e *vosotros.*

que él sienta	*que nosotros sintamos*
que yo duerma	*que vosotros durmáis*
que tú pidas	*que nosotros pidamos*

Dica Extra

Para evitar o uso do subjuntivo, você pode usar a forma corretamente conjugada de *tener* + *que* + o infinitivo do verbo para expressar algo que tem de ser feito:

Tenho que trabalhar hoje.

Yo tengo que trabajar hoy.

Em vez de:

Es necesario que trabaje hoy.

Abaixo estão alguns verbos irregulares muito usados no subjuntivo:

dar: dé, des, dé, demos, deis, den

estar: esté, estés, esté, estemos, estéis, estén

ir: vaya, vayas, vaya, vayamos, vayáis, vayan

saber: sepa, sepas, sepa, sepamos, sepáis, sepan

ser: sea, seas, sea, seamos, seáis, sean

Adjetivos

Os adjetivos ajudam a descrever os substantivos. Como no português, todos os adjetivos em espanhol concordam em número e gênero com os substantivos que modificam. Em outras palavras, numa frase em espanhol, é preciso que exista concordância entre todas as palavras. Se o substantivo está no singular, o adjetivo também deve estar no singular. Se o substantivo for feminino, certifique-se de usar o adjetivo no feminino.

A maioria dos adjetivos pode ser alterada para a forma feminina pela simples substituição do *-o* da forma masculina pelo *-a* da forma feminina, conforme demonstrado na Tabela 2.12.

Tabela 2.12 Formação dos Adjetivos Femininos

Masculino	Pronúncia	Feminino	Significado
alto	al-to	alta	alto, alta
bajo	ba-rro	baja	baixo, baixa
bonito	bo-ni-to	bonita	bonito, bonita
bueno	bue-no	buena	bom, boa
delicioso	de-li-ci-o-sso	deliciosa	delicioso, deliciosa
divertido	di-ber-ti-do	divertida	divertido, divertida
feo	fe-o	fea	feio, feia
flaco	fla-co	flaca	magro, magra
gordo	gor-do	gorda	gordo, gorda
malo	ma-lo	mala	mau, má
moreno	mo-re-no	morena	moreno, morena

Continua

Continuação

Tabela 2.12 Formação dos Adjetivos Femininos

Masculino	Pronúncia	Feminino	Significado
nuevo	nue-bo	nueva	novo, nova
pequeño	pe-ke-nho	pequeña	pequeno, pequena
rico	ri-co	rica	rico, rica
rubio	ru-bio	rubia	loiro, loira
simpático	sim-pa-ti-co	simpática	simpático, simpática
sincero	sin-ce-ro	sincera	sincero, sincera
tímido	ti-mi-do	tímida	tímido, tímida
veijo	bi-e-rro	vieja	velho, velha

Os adjetivos na Tabela 2.13 terminam em *-e*, *-ista* ou em uma consoante. Não é necessário fazer mudanças para a forma feminina.

Tabela 2.13 Adjetivos

Adjetivo	Pronúncia	Significado
	Adjetivos terminados em -e	
alegre	a-le-gre	alegre
elegante	e-le-gan-te	elegante
excelente	eks-ce-len-te	excelente
grande	gran-de	grande
importante	im-por-tan-te	importante
inteligente	in-te-li-rren-te	inteligente
interesante	in-te-re-ssan-te	interessante
pobre	po-bre	pobre
responsable	res-pon-ssa-ble	responsável
triste	tris-te	triste

Continua

Continuação

Adjetivo	Pronúncia	Significado
	Adjetivos terminados em -ista	
egoísta	e-go-is-ta	egoísta
optimista	op-ti-mis-ta	otimista
pesimista	pe-ssi-mis-ta	pessimista
realista	re-a-lis-ta	realista
	Adjetivos terminados em consoante	
cortés	cor-tes	cortês
cruel	cru-el	cruel
difícil	di-fi-cil	difícil
fácil	fá-cil	fácil
joven	rro-ben	jovem
popular	po-pu-lar	popular

Tanto no espanhol quanto no português, a maioria dos adjetivos vem após o substantivo (por exemplo: *el hombre grande*).

Advérbios

Advérbios são palavras que descrevem verbos, adjetivos ou outros advérbios. A maioria dos advérbios em espanhol, assim como em português, terminam em *-mente* (por exemplo: *Él baila rápidamente*).

¡Cuidado!

Em adjetivos masculinos terminados em *-or* adicione um *-a* para formar o feminino:

encantador	*encantadora*

Nos adjetivos que indicam nacionalidade e terminam em consoante, adicione um *-a* e retire o acento para formar o feminino:

inglés	*inglesa*

Dica Extra

Em vez de usar a terminação *-mente*, você pode usar a preposição *con* + um substantivo:

con cuidado	*cuidadosamente*
con paciencia	*pacientemente*

Para formar advérbios, simplesmente adicione *-mente* à forma feminina singular do adjetivo. Lembre-se de observar a letra final do adjetivo e de prestar atenção ao selecionar a forma correta no feminino. A Tabela 2.14 mostra como fazer isso.

Tabela 2.14 Advérbios Formados a partir de Adjetivos Femininos

Masculino	Feminino	Advérbio	Significado
completo	completa	completamente	completamente
justo	justa	justamente	justamente
loco	loca	locamente	loucamente
sincero	sincera	sinceramente	sinceramente

Dica Extra

Quando você quiser descrever uma ação usando dois ou mais advérbios, adicione *-mente* apenas ao último deles. Os outros advérbios devem permanecer na forma de adjetivo feminino singular. Assume-se que *-mente* seria adicionado a eles caso estivessem sozinhos.

Enrique habla clara, lenta, fácil y elocuentemente.

Enrique fala clara, lenta, fácil e eloquentemente.

Preposições

As preposições estabelecem a relação entre as palavras em uma sentença. A Tabela 2.15 apresenta as preposições e locuções prepositivas mais comuns e que serão muito úteis para você.

Tabela 2.15 Preposições e Locuções Prepositivas

Preposição/Locução Prepositiva	Pronúncia	Significado
acerca de	a-cer-ca de	acerca de, sobre
además de	a-de-mas de	além disso
al lado de	al la-do de	ao lado de
alrededor (de)	al-re-de-dor (de)	ao redor de, cerca de
antes (de)	an-tes (de)	antes (de)
cerca (de)	cer-ca (de)	perto (de), junto a
con	con	com
contra	con-tra	contra
de	de	de
debajo (de)	de-ba-rro (de)	debaixo (de)
delante (de)	de-lan-te (de)	diante (de), à frente (de)
dentro (de)	den-tro (de)	dentro (de)
después (de)	des-pues (de)	depois (de)
detrás (de)	de-tras (de)	detrás (de), atrás (de)
en	en	em
encima (de)	en-ci-ma (de)	em cima
enfrente de	en-fren-te de	na frente de, em frente a
entre	en-tre	entre
em vez de	en bes de	em vez de
frente a	fren-te a	frente a
fuera de	fue-ra de	fora de
hacia	a-cia	para, em direção a
hasta	as-ta	até
lejos (de)	le-rros (de)	longe (de)
para	pa-ra	para

Continua

Continuação

por	por	por
según	se-gun	segundo, de acordo com
sin	sin	sem
sobre	so-bre	sobre

¡Cuidado!

Em espanhol só há duas contrações:

a + el= al	*de + el= del*
Hablo al hombre.	*Hablo del hombre.*
Falo para o homem.	Falo sobre o (do) homem.

Como visto, as preposições *a* e *de* só se contraem com o artigo definido masculino no singular *el*.

Os seguintes pronomes são usados depois de preposições:

mí	mim	*nosotros (as)*	nós
ti	ti	*vosotros (as)*	vós
él	ele	*ellos*	eles
ella	ela	*ellas*	elas
Ud.	você	*Uds.*	vocês

¡Cuidado!

Observe o uso de "comigo" e "contigo" (informal) em espanhol:

conmigo *contigo*

Capítulo 3

Agora é Pessoal

Neste Capítulo

- Cumprimentos e saudações
- *Ser* X *Estar*
- Profissões
- Países
- Membros da família
- Posse
- *Tener* (ter)
- Perguntando

A melhor maneira de se aprender uma língua estrangeira é encontrar um amigo que seja um simpático falante nativo; assim vocês podem falar a mesma língua. Vocês poderão falar sobre tudo. Você pode pedir a ele que o oriente e corrija. Não fique intimidado em usar um dicionário ou em pedir ajuda a respeito de palavras desconhecidas. Para estreitar uma amizade, você deve falar sobre si mesmo e perguntar a seu mais novo amigo sobre sua vida, seus sonhos etc.

Não seja tímido! Use uma, ou todas, as frases e saudações a seguir para iniciar uma conversa:

Espanhol	Pronúncia	Significado
Hola	o-la	Oi
Buenos días	bue-nos di-as	Bom dia
Buenas tardes	bue-nas tar-des	Boa tarde
Buenas noches	bue-nas no-tches	Boa noite
Señor	se-nhor	Senhor
Señorita	se-nho-ri-ta	Senhorita
Señora	se-nho-ra	Senhora
Me llamo...	me lha-mo	Me chamo...
¿Cómo se llama?	co-mo se lha-ma	Como se chama?
¿Cómo está Ud.?	co-mo es-ta us-ted	Como está?
Muy bien	mui-bien	Muito bem.
Así, así	a-ssi a-ssi	Mais ou menos.

Os Verbos *Ser* e *Estar*

Para perguntar e responder mesmo as mais simples questões em espanhol, você precisa dos verbos ***ser*** e ***estar***. Esses verbos são irregulares e todas as suas formas devem ser aprendidas.

Ser	
yo soy (soi)	nosotros somos (so-mos)
tú eres (e-res)	vosotros sois (sois)
él, ella, Ud. es (es)	ellos, ellas, Uds. son (son)

1. **Expressa origem, nacionalidade, características básicas e/ou características imutáveis relacionadas ao sujeito:**

   Soy de España. *Soy brasileña.* *Soy alto.*

   Sou da Espanha. Sou brasileira. Sou alto.

2. **Identifica um assunto ou característica que provavelmente se manterá inalterada por um longo período de tempo:**

   Mi padre es doctor. *Meu pai é médico.*

3. **Expressa tempo e datas:**

   Son las tres. *Es el tres de mayo.*

   São três horas. É o dia três de maio.

4. **Designa situações relacionadas a posse:**

   Es mi coche. *Es de Marta.*

   É meu carro. É da Marta.

5. **É usado em expressões impessoais:**

   Es necesario estudiar. É preciso estudar.

Estar	
yo estoy (es-toi)	nosotros estamos (es-ta-mos)
tú estás (es-tas)	vosotros estáis (es-tais)
él, ella, Ud. está (es-ta)	ellos, ellas, Uds. están (es-tan)

Continua

Continuação

Estar	
1. Descreve uma condição ou estado que geralmente é temporário ou mutável:	
Estoy cansado.	Estou cansado.
2. Expressa localização:	
El hotel está allá.	O hotel é lá.
3. Forma a estrutura *estar + gerúndio* (veja o capítulo 2):	
Estoy escuchando.	Estou escutando.

Qual É a Sua Profissão?

Use a Tabela 3.1 para se referir a sua profissão. Para falar da profissão no feminino, mude o *o* final para *a*. Se a profissão tiver uma terminação *-or*, adicione *a*. Nenhuma mudança é necessária nas terminações *-a* ou *-e*.

Tabela 3.1 Profissões

Profissão	Espanhol	Pronúncia
contador	contable (m. ou f.)	con-ta-ble
empresário	empresario	em-pre-ssa-rio
dentista	dentista	den-tis-ta
médico	doctor	doc-tor
engenheiro	ingeniero	in-rre-nie-ro
bombeiro	bombero	bom-be-ro

Continua

Continuação

Profissão	Espanhol	Pronúncia
funcionário público	funcionario	fun-cio-na-rio
joalheiro	joyero	rroi-e-ro
advogado	abogado	a-bo-ga-do
enfermeiro	enfermero	en-fer-me-ro
policial	agente de policía	a-rren-te de po-li-ci-a
carteiro	cartero	car-te-ro
programador	programador	pro-gra-ma-dor
vendedor	vendedor	ben-de-dor
secretário	secretario	se-cre-ta-rio
estudante	estudiante	es-tu-dian-te
professor	professor	pro-fe-ssor
garçom	camarero	ca-ma-re-ro

De Onde Você É?

Viajantes normalmente são bastante curiosos em saber de onde vêm outros viajantes, especialmente se eles notam um sotaque estrangeiro. Use o verbo *ser* + *de* + o nome do país de origem. A Tabela 3.2 vai ajudá-lo a expressar-se facilmente.

Tabela 3.2 Países ao Redor do Mundo

País	Espanhol	Pronúncia
Canadá	Canada	ca-na-da
Inglaterra	Inglaterra	in-gla-te-rra
França	Francia	fran-ci-a
Alemanha	Alemania	a-le-ma-nia
Grécia	Grecia	gre-cia
Irlanda	Irlanda	ir-lan-da
Itália	Italia	i-ta-lia
Japão	Japón	rra-pon

E Agora, Aqueles Que Amamos

Nenhum começo de conversa é completo a não ser que você abra a carteira e mostre as fotos daqueles que você guarda no coração. Use a Tabela 3.3 para identificá-los corretamente.

Tabela 3.3 Membros da Família

Familiar	Pronúncia	Significado
abuelo	a-bue-lo	avô
abuela	a-bue-la	avó
padrino	pa-dri-no	padrinho
madrina	ma-dri-na	madrinha
padre	pa-dre	pai
madre	ma-dre	mãe
padrastro	pa-dras-tro	padrasto
madrastra	ma-dras-tra	madrasta
hijo	i-rro	filho
hija	i-rra	filha
hermano	er-ma-no	irmão
hermana	er-ma-na	irmã
hermanastro	er-ma-nas-tro	meio-irmão
hermanastra	er-ma-nas-tra	meia-irmã
primo	pri-mo	primo
prima	pri-ma	prima
sobrino	so-bri-no	sobrinho
sobrina	so-bri-na	sobrinha
tío	ti-o	tio
tía	ti-a	tia
nieto	nie-to	neto
nieta	nie-ta	neta
suegro	sue-gro	sogro
suegra	sue-gra	sogra

Continua

Continuação

Familiar	Pronúncia	Significado
yerno	ier-no	genro
nuera	nue-ra	nora
cuñado	cu-nha-do	cunhado
cuñada	cu-nha-da	cunhada
novio	no-bi-o	namorado
novia	no-bi-a	namorada
prometido	pro-me-ti-do	noivo
prometida	pro-me-ti-da	noiva

Para falar dos familiares no plural, use a forma masculina: *hijos* (filhos), *padres* (pais), *abuelos* (avós), *suegros* (sogros).

Demonstrando Posse

Os adjetivos possessivos também podem ser usados para demonstrar parentesco, como na Tabela 3.5. Um adjetivo possessivo deve concordar com o *o que* se possui, e não *com quem* o possui.

Es mi tía. — É minha tia.

Son mis hijos. — São meus filhos.

Tabela 3.5 Possessivos

Usado Antes de Substantivos Masculinos		Usado Antes de Substantivos Femininos		Português	
Singular	Plural	Singular	Plural	Masculinos	Femininos
mi	mis	mi	mis	meu (s)	minha (s)
tu	tus	tu	tus	teu (s)	tua (s)
su	sus	su	sus	seu (s)	sua (s)
nuestro	nuestros	nuestra	nuestras	nosso (s)	nossa (s)
vuestro	vuestros	vuestra	vuestras	vosso (s)	vossa (s)
su	sus	su	sus	seu (s)	sua (s)

O Verbo Ter: *Tener*

Talvez você queira falar quantos filhos tem ou qual é sua idade. Talvez queira dizer o que está sentindo em determinado momento. O verbo mais adequado para essas situações é *tener* (ter). Como os verbos *ser* e *estar*, *tener* é um verbo irregular. Todas as suas pessoas (como mostra a Tabela 3.6) devem ser decoradas. Expressões de uso frequente que usam *tener* podem ser encontradas no Anexo A.

Tabela 3.6 Conjugando *Tener* (ter)

Forma Conjugada de Tener	Pronúncia	Significado
yo tengo	ten-go	tenho
tú tienes	tie-nes	tens
él, ella, Ud. tiene	tie-ne	tem

Continua

Continuação

Forma Conjugada de Tener	Pronúncia	Significado
nosotros tenemos	te-ne-mos	temos
vosotros tenéis	te-neis	teneis
ellos, ellas, Uds. tienen	tie-nen	tem

Perguntas Simples

Se o seu espanhol ainda não é perfeito como você gostaria, você terá que se contentar em fazer perguntas simples. Isso trará uma vantagem: você não parecerá tão curioso.

Entonação

Para mostrar que está fazendo uma pergunta de maneira clara, simplesmente mude sua entonação assim como fazemos no português:

> *¿Eres español?*
> Você é espanhol?

¿Verdad?, ¿No? e *¿Está bien?*

Um jeito simples de fazer uma pregunta é usar *¿verdad?, ¿no?* ou *¿está bien?* no final da frase.
Quando for escrever uma pergunta em espanhol use um sinal de interrogação invertido no ínicio da frase e um normal no final.

Eres español, ¿verdad? (¿no? ¿está bien?)
Você é espanhol, não é? (verdade?, certo?)

Inversão

A inversão é a troca da ordem do sujeito e do verbo na oração.

¿Eres tú español?

Pedindo Informações Detalhadas

Se você é como eu, um simples *sim* ou *não* nunca é suficiente. Use as perguntas da Tabela 3.7 para obter toda a informação de que precisa.

Tabela 3.7 Pedindo Informações

Palavra/Frase	Pronúncia	Significado
adónde	a-don-de	aonde, para onde
a qué hora	a ke o-ra	a que horas
a quién	a kien	para quem
a qué	a ke	para que
con quién	con kien	com quem
con qué	con ke	com o que
cuál	kual	qual
de quien	de kien	de quem
de qué	de ke	do que

Continua

Continuação

cuánto(s)	cuan-to(s)	quanto(s)
cómo	co-mo	como
dónde	don-de	onde
de dónde	de don-de	de onde
por qué	por ke	por que
cuándo	cuan-do	quando
quien	kien	quem
qué	ke	que

A maneira mais fácil de fazer perguntas é colocar a interrogação imediatamente antes da frase.

¿Con quién *viaja Ud.?*	Com quem está viajando?

O uso do *¿Qué?* é bem parecido com o uso em português. Veja:

¿Qué *es esto?*	O que é isso?
¿Qué *estás comiendo?*	O que você está comendo?
¿Qué *programa estás mirando?*	Que programa você está vendo?

¿Cuál? e *¿Cuáles?* significam "Qual?" e "Quais?", respectivamente. Observe:

*¿**Cuál** es su nombre?*	*¿**Cuáles** quieres?*
Qual é o seu nome?	Quais você quer?
*¿**Cuál** de los dos prefiere?*	Qual dos dois prefere?

Em espanhol, os interrogativos são acentuados. Isso os diferencia de palavras que têm a mesma grafia mas não são interrogativas.

*¿**Dónde** vives?*	*Yo no sé dónde tú vives.*
Onde você mora?	Eu não sei onde você mora.

Dica Extra

Quando seguido por substantivo, *cuanto* é usado como adjetivo e deve concordar em número e gênero com esse substantivo.

¿Cuánto dinero tienes?
Quanto dinheiro você tem?

¿Cuántas muchachas están cantando?
Quantas moças estão cantando?

Capítulo 4

No Aeroporto

Neste Capítulo

- Dentro do avião e no aeroporto
- Viajando de avião
- Tudo sobre o verbo *ir*
- Oferecendo e pedindo orientação
- O que dizer quando você não entendeu

Muitas pessoas sabem que uma viagem de avião pode ser longa e entediante. Às vezes, você pode experimentar pequenos inconvenientes ou atrasos por variadas razões. Durante sua viagem, você poderá querer trocar de assento ou talvez fazer perguntas típicas de um turista para a tripulação. Em situações como essas, o conhecimento de outro idioma poderá ajudá-lo a conseguir todas as informações desejadas. Se estiver voando por uma companhia aérea estrangeira, o aprendizado de outra língua será, certamente, muito útil para você.

Os termos apresentados na Tabela 4.1 poderão ajudá-lo a resolver esses e outros problemas.

Tabela 4.1 Dentro do Avião

Termo	Espanhol	Pronúncia
o corredor	el pasillo	el pa-ssi-lho
embarcar	abordar	a-bor-dar
na janela	junto a la ventana	rrun-to a la ben-ta-na
a tripulação	tripulación	la tri-pu-la-cion
desembarcar	desembarcar	de-ssem-bar-car
a saída de emergência	la salida de emergencia	la sa-li-da de e-mer-rren-cia
a saída	la salida	la sa-li-da
a aterrissagem	el aterrizaje	el a-te-rri-ssa-rre
o colete salva-vidas	el chaleco salvavidas	el tcha-le-co sal-ba-bi-das
no corredor	en el pasillo	en el-pa-si-lho
a fila	la fila, la cola	la fi-la, la co-la
o assento	el asiento	el a-ssien-to
o cinto de segurança	el cinturón de seguridad	el cin-tu-ron de se-gu-ri-dad
a decolagem	el despegue	el des-pe-gue
a viagem	el viaje	el bi-a-rre

Depois do Pouso

Depois da aterrissagem, preste atenção à sinalização para saber a direção correta a seguir. Para onde ir primeiro? Você sabe que levará um certo tempo até que as malas sejam descarregadas do avião. Precisa ir ao banheiro? Trocar dinheiro? Mesmo depois do lanche servido durante o voo, você ainda tem fome? A Tabela 4.2 fornece todas as palavras adequadas a estas e outras situações comuns em aeroportos.

Tabela 4.2 No Aeroporto

Lugar	Espanhol	Pronúncia
a companhia aérea	la aerolínea	la a-e-ro-li-ne-a
o avião	el avión	el a-bi-on
a chegada	la llegada	la lhe-ga-da
a área de bagagens	el área de retiro de equipaje	el a-re-a de re-ti-ro de e-ki-pa-rre
os banheiros	los baños	los ba-nhos
o ponto de ônibus	la parada de autobuses	la pa-ra-da de au-to-bu-sses
o aluguel de	el alquiler de	el al-ki-ler de
carros	carros	ca-rros
o carrinho de bagagem	el carrito	el ca-rri-to
o balcão	el mostrador	el mos-tra-dor
a alfândega	la aduana	la a-du-a-na
a partida	la salida	la sa-li-da
os elevadores	los ascensores	los as-cen-sso-res

Continua

Continuação

Lugar	Espanhol	Pronúncia
a entrada	la entrada	la en-tra-da
a saída	la salida	la sa-li-da
o voo	el vuelo	el bue-lo
o portão	la puerta	la puer-ta
informações	informaciones	in-for-ma-cio-nes
achados e perdidos	la oficina de objetos perdidos	la o-fi-ci-na de ob-rre-tos per-di-dos
perder o voo	perder el vuelo	per-der el bue-lo
câmbio	el cambio de dinero	el cam-bio de di-ne-ro
o carregador	el portero	el por-te-ro
a escala	la escala	la es-ca-la
a mala	la maleta	la ma-le-ta
a passagem	el boleto	el bo-le-to

Em um Voo Doméstico

Se pretende viajar pelo interior do país ou do continente, de avião, as seguintes frases serão úteis:

Quando haverá um voo para...?
¿Cuándo hay un vuelo a...?
cuan-do ai un bue-lo a

Eu gostaria de uma passagem de ida e volta (ida).
Quisiera un billete de ida y vuelta (sencillo).
ki-ssie-ra un bi-lhe-te de i-da i buel-ta (sen-ci-lho)

Gostaria de um assento na janela (no corredor).
Quisiera un asiento junto a la ventana (al pasillo).
ki-ssie-ra un a-ssien-to rrun-to a
la ben-ta-na (al pa-ssi-lho)

Qual é a tarifa?
¿Cuál es la tarifa?
cual es la ta-ri-fa

São servidas refeições?
¿Se sirven comidas?
se sir̲-ben co-mi-das

Quando sai (chega) o voo?
¿Cuándo sale (llega) el vuelo?
cuan-do sa-le (lhe-ga) el bue-lo

Vai sair (chegar) na hora (com atraso)?
¿Va a salir (llegar) puntual (con retraso)?
ba a sa-lir (lhe-gar̲) pun-tu-al (con r̲e-tra-sso)

Só tenho bagagem de mão.
Tengo solo equipaje de mano.
ten-go so-lo e-ki-pa-rre de ma-no

Quero despachar minha bagagem.
Quisiera facturar mi equipaje.
ki-sie-ra fac-tu-rar̲ mi e-ki-pa-rre

Segurança

Se você tiver qualquer problema para passar pela segurança do aeroporto, as frases a seguir serão úteis:

Aqui está minha passagem e meu passaporte.
Aquí tiene mi billete y mi pasaporte.
a-ki tie-ne mi bi-lhe-te i mi pa-ssa-por-te

Tenho que tirar meus sapatos (casaco, cinto)?
¿Tengo que quitarme los zapatos (el abrigo, el cinturón)?
ten-go ke ki-tar-me los sa-pa-tos
(el a-bri-go, el cin-tu-ron)

O scanner vai estragar meu filme (câmera, notebook)?
¿Va a dañar mis carretes (mi cámara, mi ordenador portátil) el escáner?
ba a da-nhar mis ca-rre-tes (mi ca-ma-ra,
mi or-de-na-dor) el es-ca-ner

Tenho uma doença. Aqui está meu atestado médico (minha receita médica).
Tengo una enfermedad. Aquí tiene mi certificación (receta) médica.
ten-go u-na en-fer-me-dad a-ki tie-ne mi
cer-ti-fi-ca-cion (re-ce-ta) me-di-ca.

Dica Extra

É fácil se perder em extensos aeroportos internacionais. Para voltar ao rumo certo, você precisa fazer as perguntas corretas. Veja as mais úteis nesses casos:

¿Dónde está + substantivo singular?
¿Dónde está la salida?
Onde é a saída?

¿Dónde están + substantivo plural?
¿Dónde están los baños?
Onde são os banheiros?

O Verbo *Ir*

Um verbo realmente útil quando se está viajando – *ir* - é mostrado na Tabela 4.3. Trata-se de um verbo irregular que deve ser decorado.

Tabela 4.3 Conjugando *Ir*

Conjugação de Ir	Pronúncia	Significado
yo voy	boi	eu vou
tú vas	bas	tú vais
él, ella, Ud. va	ba	ele, ela, você vai
nosotros vamos	ba-mos	nós vamos
vosotros vais	bais	vós vais
eles, ellas, Uds. van	ban	eles, elas, vocês vão

Dica Extra

Use *ir + a* para dizer que vai para a cidade, o estado ou o país:

Voy a Nueva York.
Vou para Nova Iorque.

Use *ir + en* para falar das diversas maneiras de chegar a algum lugar:

Voy a Nueva York en avión.
Vou para Nova Iorque de avião.

Exceção: *a pie,* a pé.

Voy al cine a pie.
Vou ao cinema a pé.

Complicações

Se o lugar para onde você vai é distante, vai precisar de orientações mais detalhadas. Os verbos da Tabela 4.4 vão ajudá-lo a chegar aonde deseja ou poderão ajudá-lo, ainda, a orientar alguém que esteja perdido.

¡Cuidado!

Use Ud. (singular) ou Uds. (plural) como sujeito do imperativo. Usar o pronome após o verbo é opcional. Para a forma negativa, simplesmente coloque *no* antes do verbo.

Tome (Ud.) el coche.	*No crucen (Uds.) la calle.*
Pegue o carro.	Não atravessem a rua.

Tabela 4.4 Indicando Direções

Verbo	Pronúncia	Significado
baje(n)	ba-rre(n)	desça(m)
camine(n)	ca-mi-ne(n)	caminhe(m)
continúe(n)	con-ti-nu-e(n)	continue(m)
cruce(n)	cru-ce(n)	cruze(m), atravesse (m)
doble(n)	do-ble(n)	dobre(m)
pase(n)	pa-sse(n)	passe(m)
sea(n)	se-a(n)	seja(m)
siga(n)	si-ga(n)	siga(m), continue(m)
suba(n)	su-ba(n)	suba(m)
tenga(n)	ten-ga(n)	tenha(m)
tome(n)	to-me(n)	tome (m), pegue(m)
vaya(n)	ba-dja(n)	vá (vão)

Por e *Para*

Alguns usos de *por* e *para* podem ser diferentes dos usos em português, mas a maioria é semelhante. Veja:

Por	**Para**
movimento *Paso por la salida.* Passo pela saída.	destino para um lugar *El avión sale para Cuba.* O avião sai para Cuba.
meios, maneiras *Viajo por taxi.* Viajo de táxi.	para um destinatário *Este regalo es para mi amigo.* Este presente é para meu amigo.
período de tempo *Duermo por la noche.* Durmo à noite.	limite de tempo *La cita es para el martes.* O encontro é para terça-feira.
frequência, em troca de *Salgo una vez por mes.* Saio uma vez por mês.	finalidade *Es un billete para el tren.* É um bilhete para o trem.
Son dos plumas por $20. São duas canetas por $20.	

O Que Disse?

O que fazer quando alguém o orienta e você não entende? Não se sinta constrangido. As frases na Tabela 4.5 podem ser úteis caso você precise que repitam algo ou caso queira mais informações.

Tabela 4.5 Quando Você Não Entender

Expressão	Pronúncia	Significado
Con permiso.	con pe_r_-mi-sso	Com licença.
Perdóneme.	pe_r_-do-ne-me	Desculpe.
Yo no comprendo.	djo no com-pren-do	Não entendo.
Yo no entiendo.	djo no en-tien-do	Eu não entendo.
Yo no te oigo.	djo no te oi-go	Não estou ouvindo.
Repita por favor.	_r_e-pi-ta po_r_ fa-bo_r_	Repita, por favor.
Otra vez.	o-tra bes	Outra vez.
Hable más despacio.	a-ble mas des-pa-cio	Fale mais devagar.
¿Qué dijo?	ke di-rro	O que disse?

Capítulo 5

Viajando

Neste Capítulo

- Meios de transporte
- Números cardinais
- Dizendo as horas
- Expressões de tempo

Se você está viajando por um país de língua hispânica, encontrará diversos meios de transporte para chegar ao seu destino. Considere o seguinte: quer fazer uma viagem barata? Talvez você queira se misturar com as pessoas e pegar ônibus, metrô e trens. De quanto é o seu orçamento e quanto tempo você tem? Se dinheiro não for problema ou se estiver com pressa, um táxi pode ser a melhor opção. Você gostaria de conhecer o interior do país? Se você se sente confiante e acostumado com as leis de trânsito e sinalização, talvez prefira alugar um carro.

Como dizer *como* quer chegar:

Yo tomo ... (djo to-mo) Vou de...

Português	Espanhol	Pronúncia
o barco	el barco	el bar-co
o ônibus	el autobús	el au-to-bus
o carro	el coche	el co-tche
o carro	el automóvil	el au-to-mo-bil
o carro	el carro	el ca-rro
o metrô	el subte	el sub-te
o táxi	el taxi	el ta-ksi
o trem	el tren	el tren

Se Estiver Viajando de Ônibus

O sistema de ônibus em Madri é eficiente e barato. O ponto de ônibus (*una parada de autobús*) é bem identificado por números. Transferências não são gratuitas (mas o serviço é bem barato). Os ônibus não param automaticamente, é preciso fazer sinal, como nas maiorias dos lugares no Brasil. Um mapa grátis das linhas de ônibus (*un plano de la red*) pode ser obtido nas principais atrações turísticas e hotéis.

Veja a seguir, frases que podem ajudar você quando for andar de ônibus.

Onde é o ponto de ônibus mais próximo?
¿Dónde está la parada de autobús más cercana?
don-de es-ta la pa-ra-da de au-to-bus mas cer-ca-na

Quanto custa a tarifa?
¿Cuánto cuesta el billete?
cuan-to cues-ta el bi-lhe-te

Preciso do dinheiro trocado?

¿Necesito cambio exacto?

ne-ce-ssi-to cam-bio eksa-cto

Se Estiver Andando de Metrô

O sistema metroviário de Madri e Barcelona ostenta limpeza, conforto, segurança e economia. As 11 linhas do metrô de Madri são facilmente reconhecidas nos mapas por números e cores diferentes. *Un plano del metro* - um mapa do metrô - pode ser obtido convenientemente de graça nas estações de metrô, hotéis, lojas de departamento e balcões turísticos. O sinal "*Correspondencia*" indica que transferências gratuitas e conexões estão disponíveis. Se você não sair da estação, poderá fazer quantas transferências desejar com apenas um bilhete. Deslocar-se de metrô é fácil, apenas veja no mapa a última parada na direção que quer ir e então siga a sinalização indicada na estação.

Veja a seguir frases que podem ajudar você quando for andar de metrô.

Onde fica a estação de metrô mais próxima?

¿Dónde está la estación de metro más cercana?

don-de es-ta la es-ta-cion de me-tro mas ce<u>r</u>-ca-na

Onde posso comprar um bilhete?

¿Dónde puedo comprar un billete?

don-de pue-do com-pra<u>r</u> un bi-lhe-te

Quanto é a tarifa?

¿Cuánto es la tarifa?

cuan-to es la ta-ri-fa

Quantas estações faltam?
¿Hay cuántas paradas más?
ai cuan-tas pa-ra-das mas

Onde tem um mapa?
¿Dónde hay un mapa?
don-de ai un ma-pa

Se Estiver Andando de Táxi

Sempre pegue um táxi com taxímetro, assim saberá exatamente quanto irá pagar. Algumas taxas são impostas caso o passageiro tenha muitas malas, queira o serviço à noite ou durante feriados. *Un gran turismo* é um serviço público sem taxímetro que tem tarifas mais caras. Lembre-se de perguntar pela tarifa antes se esta for sua opção. Na Cidade do México, táxis de cor laranja geralmente são particulares e podem ser chamados com antecedência; táxis amarelos rodam em busca de passageiros. *Un colectivo* é uma van ou carro que faz lotação de diferentes passageiros que seguem na mesma direção. Na Argentina, *colectivo* é a palavra usada para designar ônibus.

Onde fica o ponto de táxi mais próximo?
¿Dónde está la parada de taxi más cercana?
don-de es-ta la pa-ra-da de ta-ksi mas cer-ca-na

Por favor, pode me chamar um táxi?
¿Puede Ud. conseguirme un taxi, por favor?
pue-de us-ted con-se-guir-me un ta-ksi por fa-bor

Eu quero ir ...
Quiero ir ...
kie-ro ir

Pare aqui.
Pare aquí.
pa-re a-ki

Quanto custa para ir até ...?
¿Cuánto cuesta hasta ...?
cuan-to cues-ta as-ta

Me espere.
Espéreme.
es-pe-re-me

Se Estiver Indo de Trem

Se estiver visitando a Espanha, a Red Nacional de Ferrocariles Españoles (RENFRE) é a malha ferroviária nacional do país. A Espanha tem as tarifas de trem mais baratas de toda a Europa. Turistas podem comprar *Eurail Pass* nos seus países e isso é um ótimo negócio porque permite um número ilimitado de viagens pela Europa. O preço desse cartão varia de acordo com o número de dias da viagem escolhida: 15, 25, 40, 60 ou 90.

Onde é a estação de trem mais próxima?
¿Dónde está la estación de tren más cercana?
don-de es-ta la es-ta-cion de tren mas cer-ca-na

Queria ...
Quisiera ...
ki-ssie-ra

um bilhete de primeira (segunda) classe.
un billete de primera (segunda) clase.
un bi-lhe-te de pri-me-ra (se-gun-da) cla-sse

um bilhete de ida e volta.
un billete de ida y vuelta.
un bi-lhe-te de i-da i buel-ta

um vagão para (não) fumantes.
un vagón para (no) fumadores.
un ba-gon pa-ra (no) fu-ma-do-res

É um trem local (expresso)?
¿Es un tren local (un rápido)?
es un tren lo-cal (un ra-pi-do)

Sai de qual a plataforma?
¿De qué andén sale?
de ke an-den sa-le

Se Estiver Viajando de Carro

Se você for ousado o suficiente para procurar un *alquiler de coches* para alugar um carro, boa sorte! Sempre compare as tarifas antes de fazer a sua escolha. É bom também ficar atento ao preço do combustível.

Quero alugar um (marca do carro).
Quiero alquilar un ____________.
kie-ro al-ki-lar un

Prefiro câmbio automático.
Prefiero el cambio automatico.
pre-fie-ro el cam-bio au-to-ma-ti-co

Quanto custa por dia (por semana) (por quilômetro)?
¿Cuánto cuesta por día (por semana) (por kilómetro)?
cuan-to cues-ta por di-a (por se-ma-na) (por ki-lo-me-tro)

Quanto é o seguro?
¿Cuánto es el seguro?
cuan-to es el se-gu-ro

A gasolina está incluída?
¿Está incluida la gasolina?
es-ta in-clui-da la ga-sso-li-na

Aceita cartão de crédito? Quais?
¿Acepta Ud. tarjetas de crédito? ¿Cuáles?
a-cep-ta us-ted tar-rre-tas de cre-di-to cua-les

Pode completar o tanque com gasolina?
¿Lo llena Ud. con gasolina?
lo lhe-na us-ted con ga-sso-li-na

¡Cuidado!

Se decidir alugar um carro, abra a mala do veículo e certifique-se de que tem macaco, *un gato* (un ga-to), e um estepe - *una rueda de repuesto* (u-na rue-da de re-pues-to).

Indo na Direção Correta

Preste atenção à sinalização de trânsito, alguns sinais não são tão óbvios como parecem. Você também vai precisar saber quais são os pontos cardeais.

Português	Direção	Pronúncia
para o norte	al norte	al nor-te
para o leste	al este	al es-te
para o sul	al sur	al sur
para o oeste	al oeste	al o-es-te

Familiarize-se com as placas a seguir antes de se aventurar por conta própria em um carro.

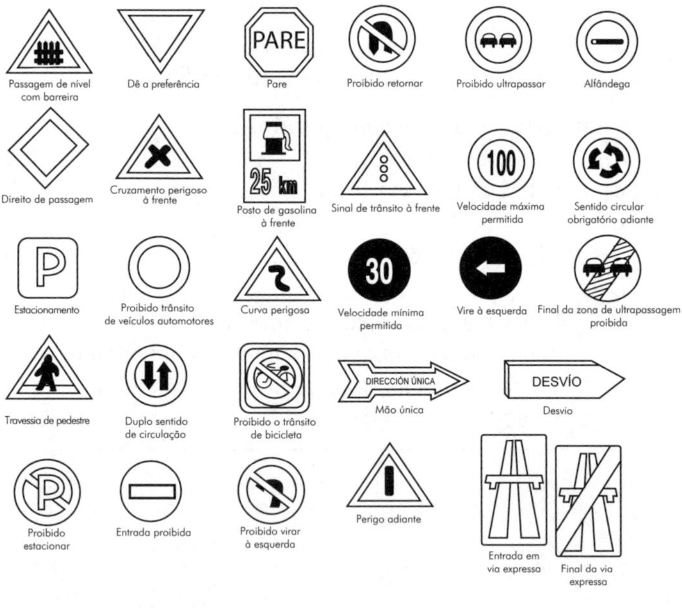

Qual o Seu Número?

Para dizer o número do seu voo, o ônibus que vai tomar ou quanto vai custar o aluguel do seu carro, você precisará saber os números em espanhol listados na Tabela 5.2. Esses números também serão úteis para dizer as horas, contar dinheiro ou revelar sua idade.

Tabela 5.1 Números Cardinais

Nº	Espanhol	Pronúncia	Nº	Espanhol	Pronúncia
0	cero	ce-ro	15	quince	kin-ce
1	uno	u-no	16	dieciséis	die-ci-sseis
2	dos	dos	17	diecisiete	die-ci-ssie-te
3	tres	tres	18	dieciocho	die-ci-o-tcho
4	cuatro	cua-tro	19	diecinueve	die-ci-nue-be
5	cinco	cin-co	20	veinte	bein-te
6	seis	seis	21	veintiuno	bein-ti-u-no
7	siete	sie-te	22	veintidós	bein-ti-dos
8	ocho	o-tcho	30	treinta	trein-ta
9	nueve	nue-be	40	cuarenta	cua-ren-ta
10	diez	dies	50	cincuenta	cin-cuen-ta
11	once	on-ce	60	sesenta	se-ssen-ta
12	doce	do-ce	70	setenta	se-ten-ta
13	trece	tre-ce	80	ochenta	o-tchen-ta
14	catorce	ca-tor-ce	90	noventa	no-ben-ta

Continua

Continuação

Nº	Espanhol	Pronúncia	Nº	Espanhol	Pronúncia
100	ciento	cien-to	1 000	mil	mil
101	ciento uno	cien-to u-no	2 000	dos mil	dos mil
200	doscientos	dos-cien-tos	100 000	cien mil	cien-mil
500	quinientos	ki-nien-tos	1 000 000	un millon	un mi-lhon
900	novecientos	no-be-cien-tos	2 000 000	dos millones	dos mil-lho-nes

Os números em espanhol não são muito confusos. Olhe a Tabela 5.2 cuidadosamente para entender as seguintes dicas:

- A conjunção *y* (e) é usada somente do número 31 ao número 99.
- *Uno* é usado apenas para contar, se usa *un* antes de um substantivo masculino e *una* antes de um substantivo feminino.

  uno, dos, tres ...
  um, dois, três ...
  treinta y un muchachos
  trinta e um rapazes
  un hombre y una mujer
  um homem e uma mulher

- Os números de 16 a 19 e 21 a 29 são escritos como uma só palavra, e os números 16, 22, 23 e 26 são acentuados:

16 *dieciséis*	22 *veintidós*
17 *diecisiete*	23 *veintitrés*
21 *veintiuno*	26 *veintiséis*

- Compostos de *ciento* (*doscientos, trescientos*) devem concordar com o substantivo.

doscientos hombres	duzentos homens
trescientas mujeres	trezentas mulheres

- *Ciento* se transforma em *cien* antes de substantivos e antes de *mil* e *millones*. Antes de todos os outros números, *ciento* é usado.

cien libros	cem livros
cien mil personas	cem mil pessoas
ciento veinte coches	cento e vinte carros
cien millones de dólares	cem milhões de dólares

Embora não seja usado antes de *ciento* ou *mil*, *un* é usado antes de *millón*. Se um substantivo seguir *millón*, coloque *de* entre *millón* e o substantivo.

cien pesetas	cem pesetas
un millón de habitantes	um milhão de habitantes
mil quinientos años	mil e quinhentos anos

Que Horas São?

Agora que você já domina os números em espanhol, vai ser muito fácil expressar as horas, como explicado na Tabela 5.2.

Que horas são?	A que horas?
¿Qué hora es?	*¿A qué hora?*
ke o-ra es	a ke o-ra

Tabela 5.2 As Horas

Português	Espanhol	Pronúncia
É uma hora.	Es la una.	es la u-na
São duas e cinco.	Son las dos y cinco.	son las dos i cin-co
São três e dez.	Son las tres y diez.	son las tres i dies
São quatro e quinze.	Son las cuatro y cuarto.	son las cua-tro i cuar-to
São cinco e vinte.	Son las cinco y veinte.	son las cin-co i bein-te
São seis e vinte e cinco.	Son las seis y veinticinco.	son las seis i bein-ti-cin-co
São sete e quarenta.	Son las ocho	son las o-tcho
(20 para as 8)	menos veinte.	me-nos bein-te
São nove e quarenta e cinco.	Son las diez	son las dies
(15 para as 10)	menos cuarto.	me-nos cuar-to
São dez e cinquenta.	Son las once	son las on-ce
(10 para as 11)	menos diez.	me-nos dies
São onze e cinquenta e cinco.	Son las doce	son las do-ce
(5 para o meio dia).	menos cinco.	me-nos cin-co
É meio-dia.	Es el mediodía.	es el me-dio-di-a
É meia-noite.	Es la medianoche.	es la me-dia-no-tche

Quando disser as horas, certifique-se de fazer o seguinte:

- Use *es* quando for uma hora. Para os outros números, porque eles estão no plural, use *son*.
- Para expressar os minutos, use *y* + os números de minutos depois da hora.
- Para expressar quanto falta para a próxima hora, use o número da hora seguinte *menos* o número de minutos que falta (quando faltar menos de meia hora).

  Son las tres menos cuarto.
  São quinze para as três.

Também é comum ouvir as horas expressas desta maneira:

Son las dos y cuarenta y cinco.
São duas e quarenta e cinco.

Não basta saber dizer as horas. Talvez você queira saber para que horas uma atividade foi planejada ou o que está acontecendo de manhã, à tarde ou à noite. As expressões da Tabela 5.3 vão ajudá-lo a lidar com o tempo.

Tabela 5.3 Expressões de Tempo

Expressão	Espanhol	Pronúncia
um segundo	un segundo	un-se-gun-do
um minuto	un minuto	un mi-nu-to
uma hora	una hora	u-na o-ra
da manhã	de la mañana	de la ma-nha-na
da tarde	de la tarde	de la tar-de
da noite	de la noche	de la no-tche
A que horas?	¿A qué hora?	a ke o-ra
à uma em ponto	a la una en punto	a la u-na en pun-to
às duas em ponto	a las dos en punto	a la dos en pun-to
por volta das duas	a eso de las dos	a e-sso de las dos
quinze minutos	un cuarto de hora	un-cuar-to de o-ra
meia hora	media hora	me-dia-o-ra
em uma hora	en una hora	en-u-na-o-ra
até às duas	hasta las dos	as-ta las dos
antes das três	antes de las tres	an-tes de las tres
depois das três	después de las tres	des-pues de las tres
desde que horas	desde qué hora	des-de ke o-ra
desde às seis	desde las seis	des-de las seis
há uma hora	hace una hora	a-se u-na o-ra
por hora	por hora	por o-ra

Continua

Continuação

cedo	temprano	tem-pra-no
tarde	tarde	tar-de
atrasado	en retraso	en-re-tra-sso
a tempo	a tiempo	a tiem-po
até logo	hasta luego	as-ta lue-go
até logo	hasta la vista	as-ta la bis-ta
até amanhã	hasta mañana	as-ta ma-nha-na
adeus, tchau	adiós	a-dios

Capítulo 6

Dinheiro para Gastar

Neste Capítulo

- Termos e expressões bancárias
- Transações bancárias
- Diferentes moedas

Precisa trocar algum dinheiro? Os bancos geralmente oferecem uma taxa de câmbio justa, mas você pode conseguir algo melhor no caixa eletrônico, que tem taxas ainda melhores que as dos bancos; ou em uma *casa de cambio*. Evite trocar dinheiro no aeroporto, estações de trem ou no seu hotel, onde as taxas geralmente são desfavoráveis.

No entanto, talvez você tenha outros objetivos. Talvez queira comprar uma propriedade, começar um negócio, fazer investimentos ou - se for ficar um longo tempo viajando - talvez queira abrir uma conta corrente ou uma poupança. Se quiser contar seus pesos em espanhol, leia no Capítulo 5 a lista de números cardinais.

Leve-me ao Banco

Não importa por que você precisa ir a um banco, o minidicionário da Tabela 6.1 vai ajudá-lo a tornar suas transações mais tranquilas.

Dica Extra

Em países de língua espanhola, os bancos geralmente costumam abrir entre 9h e 15h nos dias úteis e entre 9h e 13h aos sábados. A maioria dos bancos tem departamentos de câmbio e, por mais estranho que pareça, costuma oferecer os melhores descontos para cheques de viagem, melhores até do que aqueles oferecidos nos balcões dos aeroportos e hotéis. Nesse caso, é necessário que você leve seu passaporte, pois, nos bancos, essa é a única forma aceitável de identificação.

Una casa de cambio (u-na ca-ssa de cam-bio) também troca dinheiro. Elas podem ser encontradas com facilidade nos países hispânicos. Mas fique atento: enquanto algumas oferecem ótimas taxas, outras cobram comissões exorbitantes. Por isso, é sempre bom fazer uma pesquisa antes de qualquer transação.

Tabela 6.1 Minidicionário de Termos Bancários

Termo	Espanhol	Pronúncia
pagamento adiantado	el pago adelantado	el pa-go a-de-lan-ta-do
o caixa eletrônico	el cajero automático	el ca-rre-ro au-to-ma-ti-co
o saldo	el saldo	el sal-do
o banco	el banco	el ban-co
a conta bancária	la cuenta bancaria	la cuen-ta ban-ca-ria
a caderneta de poupança	la cartilla de ahorros	la car-ti-lha de a-o-rros
a nota bancária	el billete de banco	e bi-lhe-te de ban-co
a fatura	la factura	la fac-tu-ra
emprestar	prestar	pres-tar
a filial	la sucursal	la su-cur-ssal
dinheiro em espécie	el dinero en efectivo	el di-ne-ro en e-fec-ti-bo
cobrar	cobrar	co-brar
o fluxo de caixa	la corriente en efectivo	la co-rrien-te en e-fec-ti-bo
	los movimientos en efectivo	los mo-bi-mien-tos en e-fec-ti bo
	el flujo de efectivo	el flu-rro de e-fec-ti-bo
o caixa (pessoa)	el cajero	el ca-rre-ro
o câmbio	el cambio	el cam-bio
a moeda	la moneda	la mo-ne-da
o cheque	el cheque	el tche-ke

Continua

Continuação

Termo	Espanhol	Pronúncia
o talão de cheques	la chequera	la tche-ke-ra
a conta corrente	la cuenta corriente	la cuen-ta co-rrien-te
o crédito	el crédito	el cre-di-to
o dinheiro	el dinero	el di-ne-ro
moeda estrangeira	la divisa	la di-bi-sa
o cliente	el cliente	el cli-en-te
dívida	la deuda	la deu-da
depósito	el depósito, el ingreso	el de-po-ssi-to, el in-gre-sso
depositar	depositar, ingresar	de-po-ssi-tar, in-gre-ssar
a entrada	el desembolso inicial	el de-ssem-bol-sso i-ni-ci-al
data de vencimento	la fecha de vencimiento	la fe-tcha de ben-ci-mien-to
o empregado	el empleado	el em-ple-a-do
endossar	endosar	en-do-ssar
tipo de câmbio	el tipo de cambio	el ti-po de cam-bio
preencher	llenar	lhe-nar
o pagamento final	el pago final	el pa-go fi-nal
a garantia	la garantía	la ga-ran-tia
o titular	el titular el portador el tenedor	el ti-tu-lar el por-ta-dor el te-ne-dor

continua

Continuação

Termo	Espanhol	Pronúncia
o pagamento	el pago	el pa-go
juros	el interés	el in-te-res
simples	simple	sim-ple
composto	compuesto	com-pues-to
a taxa (o tipo) de juros	la tasa (el tipo) de interés	la ta-sa (el ti-po) de in-te-res
investir	invertir	in-ber-tir
o investimento	la inversión	la in-ber-ssion
o empréstimo	el préstamo	el pres-ta-mo
a longo prazo	a largo plazo	a lar-go pla-sso
administrar	administrar, manejar	ad-mi-nis-trar, ma-ne-rrar
o departamento de câmbio	el departamento de intercambio	el de-par-ta-mento de in-ter-cam-bio
o extrato	el extracto de cuenta	el eks-trac-to de cuen-ta
a hipoteca	la hipoteca	la i-po-te-ca
a conta corrente	la cuenta corriente	la cuen-ta co-rrien-te
o cheque sem fundos	el cheque sin fondos	el tche-ke sin fon-dos
o saque a descoberto	el giro en descubierto el saldo deudor	el rri-ro en des-cu-bier-to el sal-do deu-dor
pagar à vista	pagar en efectivo	pa-gar en e-fec-ti-bo
a porcentagem	el porcentaje	el por-cen-ta-rre

continua

Termo	Espanhol	Pronúncia
senha	clave/contraseña	cla-be/con-tra-sse-nha
a nota promissória	el pagaré	el pa-ga-re
comprar	comprar	com-prar
pôr	poner	po-ner
o trimestre	el trimestre	el tri-mes-tre
o recibo	el recibo	el re-ci-bo
os rendimentos	los ingresos	los in-gre-ssos
o cofre	la caja fuerte	la ca-rra fuer-te
a venda	la venta	la ben-ta
poupar	ahorrar	a-o-rrar
a conta poupança	la cuenta de ahorros	la cuen-ta de a-o-rros
a curto prazo	a corto plazo	a cor-to pla-sso
assinar	firmar	fir-mar
a assinatura	la firma	la fir-ma
a soma	el monto el total la suma	el mon-to el to-tal la su-ma
o caixa	el cajero	el ca-rre-ro
o total	el total el monto	el to-tal el mon-to
transferência	la transferencia	la trans-fe-ren-cia
cheque de viagem	el cheque de viajero	el tche-ke de bia-rre-ro

Continua

Continuação

Termo	Espanhol	Pronúncia
inválido	inválido	in-ba-li-do
o guichê	la ventanilla	la ben-ta-ni-lha
sacar	sacar	sa-car
	retirar	re-ti-rar
a retirada	la retirada	la re-ti-ra-da

Transações Bancárias

As frases a seguir serão muito úteis nas transações bancárias comuns, do dia a dia, tais como; depósitos e retiradas, abertura de conta corrente ou pedido de empréstimo.

Qual é o horário do expediente bancário?

¿Cuáles son las horas de abertura y de cierre?

cua-les son las o-ras de a-ber-tu-ra i de cie-rre

Gostaria...

Quisiera ...

ki-ssie-ra

fazer um depósito.

hacer un deposito.

a-cer un de-pos-ssi-to

fazer um saque.

hacer un retiro.

a-cer un re-ti-ro

fazer um pagamento.
hacer un pago.
a-cer un pa-go

pedir um empréstimo.
pedir un préstamo.
pe-dir un pres-ta-mo

descontar um cheque.
cobrar un cheque.
co-brar un tche-ke

abrir uma conta.
abrir una cuenta.
a-brir u-na cuen-ta

fechar uma conta.
liquidar una cuenta.
li-ki-dar u-na cuen-ta

trocar dinheiro.
cambiar divisas
cam-biar di-bi-ssas

Terei um extrato mensal?
¿Recibiré un extracto de cuentas mensual?
ri-ci-bi-re un eks-trac-to de cuen-tas men-ssual

Qual é o estado da minha conta?
¿Cuál es el estado de mi cuenta?
cual es el es-ta-do de mi cuen-ta

Qual é a taxa de câmbio hoje?
¿Cuál es la tasa de cambio hoy?
cual es la ta-ssa de cam-bio oi

Qual a taxa anual de juros?
¿Cuál es la tasa anual de interés?
cual es la ta-ssa a-nual de in-te-res

Gostaria do dinheiro inteiro (trocado).
Quisiera el dinero en billetes grandes (en suelto)
Ki-ssie-ra el di-ne-ro en bi-lhe-tes gran-des (en suel-to)

Tem algum analista financeiro que possa me ajudar?
¿Hay un especialista financiero que pueda ayudarme?
ai un es-pe-cia-lis-ta fi-nan-cie-ro ke pue-da aiu-dar-me

Tem um caixa eletrônico?
¿Tiene Ud. un cajero automático?
tie-ne u-sted un ca-rre-ro au-to-ma-ti-co

Como se usa?
¿Cómo se usa?
co-mo se u-sa

Está disponível o tempo inteiro?
¿Es disponible todo el tiempo?
es dis-po-ni-ble to-do el tiem-po

Posso sacar meu dinheiro durante as 24 horas do dia?
¿Puedo retirar (sacar) mi dinero veinticuatro horas al día?
pue-do-re-ti-rar (sa-car) mi di-ne-ro
bein-ti cua-tro o-ras al di-a

Tem alguma taxa para cada transação?
¿Hay una comisión para cada transacción?
ai u-na co-mi-ssion pa-ra ca-da tran-ssac-cion

Queria pedir uma hipoteca.
Quisiera pedir una hipoteca.
ki-ssie-ra pe-dir u-na i-po-te-ca

Qual é o prazo do empréstimo?
¿Cuál es el plazo del préstamo?
cual es el pla-sso del pres-ta-mo

De quanto são as mensalidades?
¿A cuántas son las mensualidades?
a cuan-tas son las men-ssua-li-da-des

Qual é a taxa (o tipo) de juros?
¿Cuál es la tasa (el tipo) de interés?
cual es la ta-ssa (el ti-po) de in-te-res

É uma taxa (um tipo) fixa (fixo) ou variável?
¿Es una tasa (un tipo) fija (fijo) o variable?
es u-na ta-ssa (un ti-po) fi-rra (fi-rro) o ba-ria-ble

Quais são as condições de pagamento?
¿Cuáles son las condiciones de pago?
cua-les son las con-di-cio-nes de pa-go

A hipoteca é transferível?
¿Es transferible la hipoteca?
es trans-fe-ri-ble la i-po-te-ca

Quando tenho que começar a fazer os pagamentos?
¿Cuándo tengo que empezar a hacer pagos?
cuan-do ten-go ke em-pe-ssar a a-cer pa-gos

Dinheiro e Mais Dinheiro

Como em muitos países europeus, o euro também é a moeda da Espanha. No México, a moeda é o peso mexicano. As seguintes moedas são correntemente usadas nos países das Américas Latina e Central nos quais se fala espanhol:

País	Moeda	Pronúncia
Argentina	peso	pe-sso
Bolívia	boliviano	bo-li-bia-no
Chile	chileno	tchi-le-no
Colômbia	peso	pe-sso
Costa Rica	colón	co-lon
Cuba	peso	pe-sso
República Dominicana	peso	pe-sso
Equador	sucre	su-cre
El Salvador	colón	co-lon
Guatemala	quetzal	ket-ssal
Honduras	lempira	lem-pi-ra
México	nuevo peso	nue-bo pe-sso
Nicarágua	nueva córdoba	nue-ba cor-do-ba
Panamá	balboa	bal-bo-a
Peru	nuevo sol	nue-bo sol

Continua

Continuação

Puerto Rico	dólar estadounidense	do-lar es-ta-dou-ni-den-sse
Espanha	euro	eu-ro
Uruguai	nuevo peso	nue-bo pe-sso
Venezuela	bolívar	bo-li-bar

Capítulo 7

No Hotel

Neste Capítulo

- Decidindo onde ficar
- Comodidades do hotel
- Números ordinais

Não importa para onde você vá no mundo, caso seja um lugar no qual se fale o idioma espanhol, um agente de viagens competente sempre encontrará acomodações e fará reservas que satisfarão a você e a seu bolso. Para um turista mais aventureiro, é possível que seja mais vantajoso economicamente barganhar por uma boa diária.

Acomodações

Se você planeja ficar em um país de língua hispânica, possivelmente as acomodações incluirão:

- *Un hotel* (un o-tel) que normalmente tem as tarifas controladas pelo governo ou por uma instituição de avaliação turística que utiliza o sistema de classificação por estrelas. Funciona assim: mais baratos (uma estrela) e mais caros (cinco estrelas). Hotéis geralmente têm uma placa indicativa com a letra *H* na fachada.

- *Una pensión* (u-na pen-ssion) é parecida com uma residência familiar, a diferença é que os hóspedes pagam pelo quarto e pelas refeições.
- *Un albergue* (un- al-ber-gue) é uma pequena e modesta hospedaria, encontrada tanto em áreas rurais quanto urbanas. *Los albergues juveniles* (los al-ber-gues rru-be-ni-les), apesar do nome, são albergues que recebem hóspedes de todas as idades.
- *Un parador* (un pa-ra-dor) oferece as mais luxuosas acomodações hoteleiras. Trata-se de antigas casas de nobres, castelos e palácios modificados ou ainda, de monastérios que foram transformados em hotéis e são chamados *paradores.*
- *Un hostal* (un os-tal) é um pequeno hotel ou alojamento.
- *Un refugio* (un re-fu-rrio) é um retiro privado ou hospedagem no campo que pode ser alugada por um período específico de tempo.

Que Lugar! Ele Tem... ?

Antes de sair de casa, você deve verificar com seu agente de viagens ou com o gerente do hotel escolhido se todas as comodidades que você deseja estão incluídas no "pacote". Dependendo de suas exigências, você precisa saber as palavras para todas as situações: de “banheiro” até “piscina”. Veja na Tabela 7.1 uma lista básica de comodidades oferecidas nos hotéis, de modo geral.

Tem ...?

¿Hay...?

> **Dica Extra**
>
> Em prédios espanhóis, o térreo é chamado *la planta baja* (la plan-ta ba-rra), que literalmente significa "planta baixa". O porão é chamado el *sótano* (el so-ta-no). Espere encontrar as abreviações *PB e Sót.* desses níveis nos botões do elevador. A palavra *piso* (pi-sso) refere-se aos andares acima do térreo.

Tabela 7.1 Instalações

Termo	Espanhol	Pronúncia
bar	un bar	un bar
porteiro	un portero	un por-te-ro
centro de convenções	centro de negocios	un cen-tro de ne-go-cios
concierge	un conserje	un con-sser-rre
elevador	un ascensor	un as-cen-ssor
academia	un gimnasio	un rrim-na-ssio
boutique	una tienda de regalos	u-na tien-da de re-ga-los
lavanderia	una lavandería	u-na la-ban-de-ri-a
camareira	una camarera	u-na -ca-ma-re-ra
restaurante	un restaurante	un res-tau-ran-te

Continua

Continuação

Termo	Espanhol	Pronúncia
piscina	una pileta, una piscina	u-na pi-le-ta, u-na pis-ci-na
serviço de manobrista	un servicio de aparcamiento	un ser-bi-cio de a-par-ca-mien-to

Registrando-se no Hotel

Ao fazer o *check-in*, o registro de entrada no hotel, você poderá usar uma destas frases:

Queria um quarto com duas camas (uma cama), por favor.
Quisiera una habitación con dos camas (una sola cama) por favor.
ki-ssie-ra u-na a-bi-ta-cion con dos ca-mas (u-na so-la ca-ma) por fa-bor

Não tenho reserva.
No tengo reserva.
no ten-go re-sser-ba

Posso ver o quarto?
¿Puedo ver la habitación?
pue-do ber la a-bi-ta-cion

(Não) Gostei.
(No) Me gusta.
(noh) me gus-ta

Poderia colocar outra cama no quarto?
¿Podría poner otra cama en la habitación?
podri-a po-ner o-tra ca-ma en la a-bi-ta-cion

Quanto custa o quarto?
¿Cuánto cuesta la habitación?
cuan-to cues-ta la a-bi-ta-cion

> com café da manhã
> *con desayuno*
> con de-ssai-uno
>
> sem as refeições
> *sin comidas*
> sin co-mi-das

Quanto mais temos que pagar?
¿Cuánto más tenemos que pagar?
cuan-to mas te-ne-mos ke pa-gar

Posso ficar com a chave, por favor?
¿Puedo obtener la llave, por favor?
Pue-do ob-te-ner la lha-be por fa-bor

Conseguindo o Que Deseja

Se você precisar de algo para tornar sua estadia ainda mais confortável, não se intimide e peça. A Tabela 7.2 lista alguns itens que você talvez possa querer.

Queria ...	Por favor me mande ...
Quisiera ...	*Haga el favor de mandarme ...*

ki-ssie-ra

Eu preciso ...
Me falta(n) ...
me fal-ta(n)

Eu preciso ...
Necesito ...
ne-ce-ssi-to

a-ga el fa-bor de man-dar-me

Falta ...
No hay ...
no ai

Tabela 7.2 Desejos e Necessidades

Frase	Espanhol	Pronúncia
ar condicionado	aire acondicionado	ai-re a-con-di-cio-na-do
um despertador	un despertador	un des-per-ta-dor
um cinzeiro	un cenicero	un ce-ni-ce-ro
uma varanda	un balcón	un bal-con
um sabonete	un jábon	un rra-bon
um carregador de malas	un botones	un bo-to-nes
um cobertor	una manta	u-na man-ta
uma camareira	una camarera	u-na ca-ma-re-ra
um secador de cabelos	un secador de pelo	un se-ca-dor de pe-lo
uns cabides	unas perchas	u-nas per-tchas
cubos de gelo	cubitos de hielo	cu-bi-tos de ie-lo
uma chave	una llave	u-na lha-be
água mineral	agua mineral	a-gua mi-ne-ral
com vista interna	con vista al patio	con bis-ta al pa-tio
com vista para o jardim	con vista al jardín	con bis-ta al rrar-din
com vista para o mar	con vista al mar	con bis-ta al mar
um travesseiro	una almohada	u-na al-mo-a-da

Continua

Continuação

Frase	Espanhol	Pronúncia
papel higiênico	papel higiénico	pa-pel i-rrie-ni-co
um quarto	una habitación	u-na a-bi-ta-cion
um cofre	una caja de seguridad	u-na ca-rra de se-gu-ri-dad
um telefone	un teléfono	un te-le-fo-no
uma televisão	una televisión	u-na te-le-bi-sion
lenços de papel	pañuelos de papel	pa-nhue-los de pa-pel
uma toalha	una toalla	u-na to-a-lha
um adaptador	un adaptador	un a-dap-ta-dor

Quando Há Problema

Na chegada ao hotel, não é raro descobrir que seu quarto não é exatamente o que você esperava e isso pode ser um problema a solucionar. Em casos como esse, use as seguintes frases:

Não gostei do quarto.
No me gustó la habitación.
no me gus-to la a-bi-ta-cion

Teria alguma coisa ...?
¿Hay algo...?
ai al-go

melhor	*mejor*	me-rror
mais barato	*más barato*	mas ba-ra-to
maior	*más grande*	mas gran-de

mais discreto	*más privado*	mas pri-ba-do
menor	*más pequeño*	mas pe-ke-nho

A lâmpada não funciona.
La lámpara no funciona.
la lam-pa-ra no fun-cio-na

Pode consertá-lo(la) o mais rápido possível?
¿Puede arreglarlo (la) lo más pronto posible?
pue-de a-rre-glar-lo(la) lo mas pron-to po-ssi-ble

Subindo!

Todos nós já tivemos experiências ruins em elevadores. Enquanto é empurrado para trás ou espremido para o lado, você espera que uma boa alma pergunte: "*¿Qué piso, por favor?*". Nesse caso, você vai precisar dos números ordinais da Tabela 7.3 para responder corretamente, por exemplo: "*El segundo piso, por favor*".

Tabela 7.3 Números Ordinais

Nº	Espanhol	Pronúncia	Nº	Espanhol	Pronúncia
1º	primero	pri-me-ro	6º	sexto	seks-to
2º	segundo	se-gun-do	7º	séptimo	sep-ti-mo
3º	tercero	ter-ce-ro	8º	octavo	oc-ta-bo
4º	cuarto	cuar-to	9º	noveno	no-be-no
5º	quinto	kin-to	10º	décimo	de-ci-mo

Quando usar os números ordinais, lembre-se do seguinte:

- Troque o final masculino *o* para *a* quando a palavra for feminina.

  el segundo acto — o segundo ato

  la segunda escena — a segunda cena

- Às vezes os números cardinais são usados no lugar dos ordinais.

  La Quinta Avenida — A Quinta avenida

  La página treinta — A página trinta

- As palavras *primero* e *tercero* perdem o *o* final antes de um substantivo masculino singular.

  el primer hombre — o primeiro homem

  la primera mujer — a primeira mulher

  el tercero día — o terceiro dia

  la tercera semana — a terceira semana

Mas

el siglo tercero — o terceiro século

¡Cuidado!

Quando um número cardinal é usado como um número ordinal, é sempre masculino.

la página doscientos

a página duzentos

Capítulo 8

Que Dia Maravilhoso!

Neste Capítulo

- As condições do tempo
- Dias da semana
- Meses do ano
- Estações
- Lembrando uma data

Sempre que planejar uma viagem, você deve verificar a previsão do tempo para poder se organizar e saber o que levar. Lembre que nos países que estão ao norte da Linha do Equador, as estações são contrárias às nossas e, depois da chegada, você será capaz de entender *el pronóstico* (el pro-nos-ti-co) para que saiba, por exemplo, o que vestir.

Como Está o Tempo?

As frases da Tabela 8.1 vão ajudá-lo a lidar com as condições do tempo.

Tabela 8.1 Condições do Tempo

Expressão	Espanhol	Pronúncia
Como está o tempo?	¿Qué tiempo hace?	ke tiem-po a-ce
Está bom.	Hace buen tiempo.	a-ce buen tiem-po
Está quente.	Hace calor.	a-ce ca-lor
Faz sol.	Hace sol.	a-ce sol
Está ruim.	Hace mal tiempo.	a-ce mal tiem-po
Está frio.	Hace frío.	a-ce frio
Está fresco.	Hace fresco.	a-ce fres-co
Está ventando.	Hace viento.	a-ce bien-to
Está relampejando.	Hay relámpagos.	ai rre-lam-pa-gos
Está trovejando.	Truena.	true-na
Tem névoa.	Hay niebla.	ai nie-bla
Tem neblina.	Hay neblina.	ai ne-bli-na
Está úmido.	Hay humedad.	ai u-me-dad
Está nublado.	Hay nubes.	ai nu-bes
	Está nublado.	es-ta nu-bla-do
Está encoberto.	Está cubierto.	es-ta cu-bier-to
Está chovendo.	Llueve.	lhue-be
	Está lloviendo.	es-ta lho-bien-do
Há tempestade.	Hay tormenta.	ai tor-men-ta
Está nevando.	Nieva.	nie-ba
	Está nevando.	es-ta ne-ban-do
Há um vendaval.	Hay un vendaval.	ai un ben-da-bal
Chove granizo.	Llueve granizo.	lhue-be gra-ni-sso

Querida, Está Quente Lá Fora!

Para saber a temperatura, simplesmente pergunte:

Qual a temperatura?
¿Cuál es la temperatura?
cual es la tem-pe-ra-tu-ra

Está fazendo 40 graus.
Hace cuarenta grados
a-ce cua-ren-ta gra-dos

Está zero grau.
Hace cero grado.
a-ce ce-ro gra-do

Está fazendo dois graus negativos.
Hace una temperatura de menos dos grados.
a-ce u-na tem-pe-ra-tu-ra de me-nos dos gra-dos

Que Dia É Hoje?

De maneira diferente dos nossos calendários, os calendários em espanhol começam na segunda-feira. Estude os dias da semana na Tabela 8.2 para que você possa se programar.

Assim como em português, em espanhol os nomes dos dias da semana só são escritos com letra maiúscula se estiverem no início da frase.

Sábado es un día.
Sábado é um dia.

Voy al supermercado el sábado.
Vou ao supermercado no sábado.

Tabela 8.2 Dias da Semana

Dia	Espanhol	Pronúncia
segunda-feira	lunes	lu-nes
terça-feira	martes	mar-tes
quarta-feira	miércoles	mier-co-les
quinta-feira	jueves	rrue-bes
sexta-feira	viernes	bier-nes
sábado	sábado	sa-ba-do
domingo	domingo	do-min-go

Dica Extra

Quando falar sobre um determinado dia em espanhol, use o artigo definido *el* ou seu plural, *los*.

Voy al cine el viernes.
Vou ao cinema na sexta-feira.
No trabajo los domingos.
Não trabalho aos domingos.

Meu Mês Favorito

Quando estiver olhando para aqueles folhetos brilhantes e coloridos, você irá querer ser capaz de descobrir qual a melhor época do ano para viajar. A Tabela 8.3 apresenta os meses do ano para que você não chegue ao lugar errado na época errada.

Tabela 8.3 Meses do Ano

Mês	Espanhol	Pronúncia
janeiro	enero	e-ne-ro
fevereiro	febrero	fe-bre-ro
março	marzo	mar-sso

Continua

Continuação

abril	abril	a-bril
maio	mayo	ma-io
junho	junio	rru-nio
julho	julio	rru-lio
agosto	agosto	a-gos-to
setembro	septiembre	sep-tiem-bre
outubro	octubre	oc-tu-bre
novembro	noviembre	no-biem-bre
dezembro	diciembre	di-ciem-bre

A menos que comecem a frase, os nomes dos meses do ano devem ser escritos em letras minúsculas, assim como em português.

Enero es un mes.

Janeiro é um mês.

Voy a España en enero.

Vou para a Espanha em janeiro.

Aproveite Todas as Estações

Planeje sua viagem para uma época em que o tempo esteja o melhor possível, assim você não se aborrecerá com furacões, tempestades ou outras adversidades climáticas.

Tabela 8.4 Estações do Ano

Estação	**Espanhol**	**Pronúncia**
inverno	el invierno	el in-bier-no
primavera	la primavera	la pri-ma-be-ra

Continua

Continuação

verão	el verano	el be-ra-no
outono	el otoño	el o-to-nho

Quando É Nosso Encontro?

Sem dúvida, enquanto planeja sua viagem, você terá que falar e perguntar sobre datas, de modo geral. Assim, faça as seguintes perguntas quando precisar de informações sobre dias e datas.

Que dia é (hoje)?
¿Qué día es (hoy)?
ke dia es (oi)

Qual é a data (de hoje)?
¿Cuál es la fecha (de hoy)?
cual es la fe-tcha (de oi)

Em espanhol use a preposição *en* + artigo definido para todas as estações para dizer "*no*" *ou* "*na*". Veja como é:

Voy a México en el invierno.
Vou ao México no inverno.

Você precisa saber como dizer datas para poder marcar compromissos, encontros e planejar viagens. Nos países onde se fala espanhol, a data é expressa assim:

dia da semana + *el* + número
(cardinal) *de* + mês + *de* + ano

Hoy es sábado, el nueve de mayo de dos mil once.
Estamos a sábado, el nueve de mayo de dos mil once.
Hoje é sábado, 9 de maio de 2011.

Use *primero* para falar do primeiro dia de cada mês.

el primero de mayo
primeiro de maio

Mas

el veintiuno de mayo
21 de maio

Use o artigo definido para dizer "*em*" nas datas.

Me voy el mes de julio.
Eu vou em julho.

¡Cuidado!

Em espanhol, quando escrevemos as datas somente com números, podemos usar pontos, barras ou traços para separar dia, mês e ano, sem utilizar espaços.

El 14 de septiembre de 1947 (14.9.47)

14 de setembro de 1947 (14/9/47)

El 18 de noviembre de 1983 (18/11/83)

18 de novembro de 1983 (18/11/83)

El 28 de julio de 1948 (28-07-48)

28 de julho de 1948 (28/07/48)

Capítulo 9

Em Busca de Diversão

Neste Capítulo

- Pontos turísticos
- Como planejar e sugerir
- Como opinar

Quando viajar para o exterior, certifique-se de elaborar um itinerário que contenha todos os pontos turísticos.

Conhecendo os Pontos Turísticos

Caso decida sair sozinho ou em grupo, as frases a seguir poderão ser úteis:

Onde há um balcão de informações turísticas?
¿Dónde hay una oficina de turismo?
don-de ai u-na o-fi-ci-na de tu-ris-mo

O que há para ser visto?
¿Qué hay para ver?
ke ai pa-ra be<u>r</u>

Onde posso comprar um mapa (um guia turístico)?
¿Dónde puedo comprar un mapa (una guía)?
don-de pue-do com-prar un ma-pa (u-na gui-a)

A que horas abre (fecha)?
¿A qué hora se abre (se cierra)?
a ke o-ra a-bre (se cie-rra)

Quanto é a entrada?
¿Cuánto es la entrada?
cuan-to es la en-tra-da

As crianças podem entrar de graça?
¿Pueden entrar gratis los niños?
pueden en-trar gra-tis los ni-nhos

Até que idade?
¿Hasta qué edad?
as-ta ke e-dad

Quanto elas pagam?
¿Cuánto pagan?
cuan-to pa-gan

Pode tirar fotos?
¿Se puede sacar fotos?
se pue-de sa-car fo-tos

Posso Sugerir?

Você sempre quis ver uma tourada, mas não sabe se as outras pessoas do grupo também querem. Nesse caso, faça uma sugestão! Há diversas maneiras de fazer isso.

Tente simplesmente perguntar:

> *¿Por qué no* + verbo conjugado (*nosotros*)?
> Por que não ...?

> *¿Por qué no vamos al cine?*
> Por ke no ba-mos al ci-ne
> Por que não vamos ao cinema?

Tente dizer a um amigo o que deseja fazer e pergunte o que ele acha da ideia.

> *Quiero ir al cine. ¿Qué crees (piensas)?*
> kie-ro ir al ci-ne ke cre-es (pien-sas)
> Quero ir ao cinema. O que você acha (pensa)?

Diga *vamos a* + verbo no infinitivo sugerindo a atividade.

> *Vamos a ver una corrida de toros?*
> ba-mos a ber u-na co-rri-da de to-ros
> Vamos ver uma tourada?

Falando Coloquialmente

Caso esteja confiante com sua pronúncia, talvez queira se expressar de maneira mais coloquial. Nesse caso, você poderá usar diversas frases, todas seguidas do verbo no infinitivo (as formas informais de *tú* estão entre parênteses).

Frase	Pronúncia	Significado
¿Le (te) parece?	le (te) pa-re-ce	Quer...?
¿Le (te) gustaría?	le (te) gus-ta-ri-a	Gostaria ...?
¿Tiene(s) ganas de?	tie-ne(s) ga-nas de	Está com vontade ...?
¿Quieres?	kie-re(s)	Quer...?

¿Le (te) gustaría ir al museo?
Gostaria de ir ao museu?

¿Tiene(s) gana de ver una corrida de toros?
Está com vontade de ver uma tourada?

Somente adolescentes mal-humorados respondem simplesmente "sim" ou "não" a uma pergunta. Para o resto de nós é "Sim, mas ..." ou "Não, porque...". Se não quiser elaborar sua resposta, troque o pronome *le* ou *te* da pergunta para *me* na resposta:

Sí, me gustaría ir al museo.
No, no me gustaría ir al museo.

Então, o Que Acha?

Como você se sente quando lhe sugerem alguma coisa? A atividade é interessante para você? Se for, diga o seguinte:

Frase	Espanhol	Pronúncia
Eu gosto...	Me gusta...	me gus-ta
Eu adoro...	Me encanta...	me en-can-ta
Sou um fã de...	Soy aficionado(a) a...	soi a-fi-cio-na-do(a) a

Me gusta el arte.
me gus-ta el ar-te
Eu gosto de arte.

Me encanta la música.
me e-can-ta la mu-ssi-ca
Eu adoro música.

Soy aficionado(a) a la opera.
soi a-fi-cio-na-do(da) a-la o-pe-ra
Sou um(a) fã de ópera.

Quando você participa de algo ou vai para algum lugar diferente, exótico ou incomum, você forma uma opinião sobre isso: se gostou ou não. Para isso, precisa saber expressar seus gostos. Foi algo divertido? Você passou momentos agradáveis? Dê sua opinião positiva usando *es* + adjetivo.

Adjetivo	Espanhol	Pronúncia
bárbaro	bárbaro	bar-ba-ro
excelente	excelente	eks-ce-len-te
extraordinário	extraordinario	eks-tra-or-di-na-rio
fabuloso	fabuloso	fa-bu-lo-sso
fantástico	fantástico	fan-tas-ti-co
divertido	divertido	di-ber-ti-do
formidável	regio	re-rrio
magnífico	magnífico	mag-ni-fi-co
maravilhoso	maravilloso	ma-ra-bi-lho-sso
coisa de cinema	de película	de pe-li-cu-la
fenomenal	fenomenal	fe-no-me-nal
sensacional	sensacional	sen-ssa-cio-nal
estupendo	estupendo	es-tu-pen-do
incrível	increíble	in-cre-i-ble

Dica Extra

Quando estiver falando de apenas uma coisa, use *me gusta* e *me encanta.*

Quando falar de mais de uma coisa, use *me gustan* e *me encantan.*

Me gusta el museo.
Me gustan los museos.

Talvez você não goste da sugestão que foi feita, talvez a atividade sugerida o aborreça. Para dizer que não gosta, use as palavras:

Frase	Espanhol	Pronúncia
Não gosto...	No me gusta...	no me gus-ta
Odeio, detesto...	Odio, Detesto...	o-dio, de-tes-to
Não sou fã...	No soy aficionado...	no soi a-fi-cio-na-do

Para não ser chato, você arrisca e resolve fazer a atividade sugerida. Mas não é uma das coisas de que mais gosta. Para dar sua opinião negativa sobre a atividade, poderá usar *es* + adjetivo.

Adjetivo	Espanhol	Pronúncia
chato	aburrido	a-bu-rri-do
desagradável	desagradable	de-ssa-gra-da-ble
um desastre	un desastre	un de-ssas-tre
horrível	horrible	o-rri-ble
um horror	un horror	un o-rror
nojento	asqueroso	as-ke-ro-sso
ridículo	ridículo	ri-di-cu-lo
bobo	tonto	ton-to
terrível	terrible	te-rri-ble
feio	feo	fe-o

Capítulo 10

Fazendo Compras

Neste Capítulo

- Lojas
- Roupas, cores, tamanhos, materiais e estampas
- Opinando

Talvez você tenha um gosto muito próprio quando compra um presente ou uma roupa, ainda mais quando está no exterior. Certamente você quer comprar uma lembrança ou um presente perfeito. Para isso precisa saber se expressar em relação a cores, tamanhos, materiais e estampas de quaisquer artigos ou roupas. Sem dúvida, pode querer achar promoções e pesquisar valores antes de comprar.

Não importa qual seu plano de ação, sair para fazer compras pode ser uma experiência muito agradável e divertida.

Comprar Até Cansar

Você prefere comprar em butiques luxuosas ou barganhar nas feirinhas? Ou talvez se sinta mais atraído por um elegante *centro comercial* (cen-tro co-mer-ci-al). A próxima lista indica as lojas (las tiendas, las tien-das) que podem interessá-lo:

a livraria
la librería
la li-bre-ri-a

a banca de jornal
el quiosco de períodico
el ki-os-co de pe-ri-o-di-co

a loja de roupas
la tienda de ropas
la tien-da de ro-pas

a loja de discos
la tienda de discos
la tien-da de dis-cos

o armazém
el almacén
el al-ma-cen

a loja de souvenir
la tienda de recuerdos
la tien-da de re-cuer-dos

a floricultura
la florería
la flo-re-ri-a

a tabacaria
la tabacaría
la ta-ba-ca-ri-a

a loja de artigos de couro
la marroquinería
la ma-rro-ki-ne-ri-a

Se estiver comprando em uma joalheria, talvez queira perguntar:

¿Es macizo?
es ma-ci-sso
É maciço?

¿Es dorado?
es do-ra-do
É dourado?

¿Es platino?
es pla-ti-no
É platina?

¿Es plata?
es pla-ta
É prata?

Perguntas Comuns Durante as Compras

Onde se pode encontrar ...?
¿Dónde se puede encontrar?
don-de se pue-de en-con-trar

Poderia me ajudar, por favor?
¿Podría ayudarme, por favor?
po-dri-a aiu--dar-me por fa-bor

Poderia me mostrar ..., por favor?
¿Pudiera enseñarme..., por favor?
pu-die-ra en-se-nhar-me por fa-bor

Tem desconto?
¿Hay rebajas (descuentos)?
ai re-ba-rras (des-cuen-tos)

Está a venda...?
¿Se vende...?
se ben-de

Onde está (estão)...?
¿Dónde está(están)...?
don-de es-ta(es-tan)

Tem algo ...?
¿Tiene algo...?
tie-ne al-go

Adjetivo	Espanhol	Pronúncia
maior	más grande	mas gran-de
menor	más pequeño	mas pe-ke-nho
mais curto	más corto	mas cor-to
mais barato	más barato	mas ba-ra-to
mais caro	más caro	mas ca-ro
melhor	mejor	me-rror

Vem em outra cor?
¿Viene en otro color?
bie-ne en o-tro co-lor

Posso provar?
¿Puedo probármelo?
pue-do pro-bar-me-lo

Pode consertar?
¿Puede arreglarlo?
pue-de a-rre-glar-lo

Posso devolvê-lo?
¿Puedo devolverlo?
pue-do de-bol-ber-lo

Poderia embrulhá-lo, por favor?
¿Podría envolverlo, por favor?
po-dri-a en-bol-ber-lo por fa-bor

Aceita cartão de crédito?
¿Acepta tarjetas de crédito?
a-cep-ta tar-rre-tas de cre-di-to

Aceita cheques de viagem?
¿Acepta cheques de viajero?
a-cep-ta tche-kes de bi-a-rre-ro

Roupas

É sempre interessante e divertido comprar uma peça de vestuário (*la ropa*, la ro-pa) no exterior. Os padrões e estilos são únicos e sempre são um bom tópico de conversação. Quer compre alguma roupa tradicional da cultura local ou escolha algo da última moda (*a la última moda*, a la ul-ti-ma mo-da), a Tabela 10.1 ajudará você na sua busca.

Tabela 10.1 Roupa

Roupa	Espanhol	Pronúncia
	Para Homens e Mulheres	
roupa de banho	el traje de baño	el tra-rre de ba-nho
cinto	el cinturón	el cin-tu-ron
botas	las botas	las bo-tas

Continua

Continuação

Roupa	Espanhol	Pronúncia
as luvas	los guantes	los guan-tes
o chapéu	el sombrero	el som-bre-ro
a jaqueta	la chaqueta	la tcha-ke-ta
os jeans	los vaqueros	los ba-ke-ros
o casaco	el abrigo	el a-bri-go
a calça	los pantalones	los pan-ta-lo-nes
a capa de chuva	el impermeable	el im-per-me-a-ble
o robe	la bata	la ba-ta
as sandálias	las sandalias	las san-da-lias
o cachecol	la bufanda	la bu-fan-da
a camisa	la camisa	la ca-mi-ssa
os sapatos	los zapatos	los sa-pa-tos
a bermuda	los pantalones cortos	los pan-ta-lo-nes cor-tos
os tênis	los tenis	los te-nis
as meias	los calcetines	los cal-ce-ti-nes
o suéter	el jersey	el rrer-sei
a camiseta	la camiseta, la playera	la ca-mi-sse-ta, la plai-e-ra
o guarda-chuva	el paraguas	el pa-ra-guas
a roupa de baixo	la ropa interior	la ro-pa in-te-rior
	Para Homens	
o casaco	el saco	el sa-co
a cueca	los calzoncillos	los cal-sson-ci-lhos
o terno	el traje	el tra-rre

Continua

Continuação

Roupa	Espanhol	Pronúncia
a gravata	la corbata	la cor-ba-ta
	Para Mulheres	
o sutiã	el sostén	el sos-ten
a blusa	la blusa	la blu-ssa
o vestido	el vestido	el bes-ti-do
o penhoar	el salto de cama	el sal-to de ca-ma
a calcinha	las bragas	las bra-gas
a meia-calça	las pantimedias	las pan-ti-me-dias
a bolsa	el bolso	el bol-sso
a saia	la falda	la fal-da
a anágua	la enagua	la e-na-gua
a combinação	la combinación	la com-bi-na-cion
as meias	las medias	las me-dias
o terninho	el traje sastre	el tra-rre sas-tre

É claro que você quer ter certeza de que a roupa vai servir. Diga o seguinte para o vendedor:

Visto o tamanho...	pequeno	médio	grande
Llevo el tamaño	*pequeño*	*mediano*	*grande*
lhe-bo el ta-ma-nho	pe-ke-nho	me-diano	grande

Cores

Você vê o mundo em cores primárias (*los colores,* los co-lo-res)? Ou prefere cores mais fortes, exóticas? A Tabela 10.2 vai ajudá-lo com as cores.

Tabela 10.2 Cores

Cor	Espanhol	Pronúncia
bege	beige	bei-rre
preto	negro	ne-gro
azul	azul	a-ssul
marron	marrón	ma-rron
cinza	gris	gris
verde	verde	ber-de
rosa	rosado	ro-ssa-do
laranja	anaranjado	a-na-ran-rra-do
roxo	morado	mo-ra-do
vermelho	rojo	rro-rro
branco	blanco	blan-co
amarelo	amarillo	a-ma-ri-lho

Acrescente a palavra *claro* (cla-ro) para descrever uma cor clara. Para uma cor escura, use a palavra *oscuro* (os-cu-ro).

verde claro *azul oscuro*

verde claro azul escuro

Material

Você acha o linho sexy? Adora a suavidade da seda? O toque refrescante do algodão? Do couro é melhor nem começar a falar... A Tabela 10.3 vai ajudá-lo a escolher o seu tecido *(las telas*, las te-las*)* preferido.

Use a palavra *en* (en) quando estiver falando dos materiais.

Tabela 10.3 Material

Material	Espanhol	Pronúncia
caxemira	cachemira	ca-tche-mi-ra
algodão	algodón	al-go-don
denim	tela tejana	te-la te-rra-na
flanela	franela	fra-ne-la
renda	encaje	en-ca-rre
couro	cuero	cue-ro
linho	lino	li-no
náilon	nailon	nai-lon
cetim	raso	ra-sso
seda	seda	se-da
camurça	gamuza	ga-mu-ssa
lã	lana	la-na

Modelos

Vamos dizer que você está procurando uma saia como aquelas usadas pelas *señoritas españolas*. Ou talvez procure um par de calças para golfe, porque você quer se destacar.

Há vários *diseños* (di-sse-nhos) de roupas.
Pode ser ainda que não esteja com espírito para sair às compras, mas queira cumprimentar alguém pelo seu bom gosto na escolha da gravata listrada. A Tabela 10.4 fornece as palavras de que você precisa para descrever estampas.

Tabela 10.4 Estampas

Estampa	Espanhol	Pronúncia
liso	de color liso	de co-lor li-sso
listrado	de rayas	de rrai-as
de bolinhas	de lunares	de lu-na-res
xadrez	de cuadros	de cua-dros

Use um adjetivo demonstrativo para dizer "isto", "aquilo", "esse" e "esses". Note que o adjetivo escolhido deve estar relacionado à proximidade física do objeto em questão.

Adjetivo	Masculino	Feminino	Neutro
Próximo de Quem Fala			
este	este (es-te)	esta (es-ta)	esto (es-to)
estes	estos (es-tos)	estas (es-tas)	
Próximo de Quem Ouve			
esse	ese (e-sse)	esa (e-ssa)	eso (e-sso)
esses	esos (e-ssos)	esas (e-ssas)	
Longe de Ambos			
aquele	aquel (a-kel)	aquella (a-ke-lha)	aquello (a-ke-lho)
aqueles	aquellos (a-ke-lhos)	aquellas (a-ke-lhas)	

Capítulo 11

Comida, Bendita Comida!

Neste Capítulo

- Comprando comida
- Como expressar quantidades
- Como fazer o pedido em um restaurante
- Como escolher o prato desejado
- Dietas especiais

Quer vá a uma *bodega* local ou a um armazém especializado para comprar tudo o que puder ou caso queira fazer reservas em um luxuoso restaurante francês, você precisará saber como pedir as comidas que deseja e recusar aquelas de que não gosta. Do mesmo modo, você deve ter noção de como expressar quantidades. Este capítulo vai ajudá-lo a satisfazer suas necessidades.

Lojas Especializadas

Você gostaria de ter comida em seu quarto de hotel caso tenha fome durante a noite? Ou alugou uma casa ou apartamento e prefere cozinhar sua própria comida? Em qualquer país de língua espanhola você poderá curtir as delícias culinárias nas lojas listadas na Tabela 11.1.

Tabela 11.1 Lojas de Alimentação

a mercearia	la abacería la a-ba-ce-ri-a
o açougue	la carnicería la car-ni-ce-ri-a
a padaria	la panadería la pa-na-de-ri-a
a delicatéssen	la delicatessen la de-li-ca-te-ssen
a confeitaria	la confitería la con-fi-te-ri-a
a leiteria	la lechería la le-tche-ri-a
a frutaria	la frutería la fru-te-ri-a
a peixaria	la pescadería la pes-ca-de-ri-a
o supermercado	el supermercado el su-per-mer-ca-do
a loja de bebidas	la tienda de bebidas alcohólicas la tien-da de be-bi-das al-co-o-li-cas

Muitas lojas tiram seus nomes diretamente do produto que vendem:

pan (pão)	*panadería*
carne (carne)	*carnicería*
pastel (bolo)	*pastelería*
leche (leite)	*lechería*
fruta (fruta)	*frutería*
pescado (peixe)	*pescadería*

Comida e Mais Comida

Não importa se você está numa loja ou em um restaurante, saber os nomes das comidas que gosta ou não gosta, em espanhol, será uma vantagem. Use as Tabelas 11.2 até 11.9 para escolher aquilo que deseja.

Tabela 11.2 Os Legumes (Las legumbres)

Legume	Espanhol	Pronúncia
os aspargos	los espárragos	los es-pa-rra-gos
o feijão	las judias (Espanha)	las rru-dias
	los ejotes (México)	los e-rro-tes
	los porotos (Argentina)	los po-ro-tos
	las habichuelas	las a-bi-tchue-las
a beterraba	la remolacha	la re-mo-la-tcha
os brócolis	el brócoli	el bro-co-li

Continua

Continuação

Legume	Espanhol	Pronúncia
a cenoura	la zanahoria	la sa-na-o-ria
a couve-flor	la coliflor	la co-li-flor
o aipo	el apio	el a-pio
o grão-de-bico	los garbanzos	los gar-ban-ssos
o milho	el maíz	el ma-is
o pepino	el pepino	el pe-pi-no
a berinjela	la berenjena	la be-ren-rre-na
a alface	la lechuga	la le-tchu-ga
o cogumelo	la seta	la se-ta
a cebola	la cebolla	la ce-bo-lha
as ervilhas	los guisantes	los gui-ssan-tes
o pimentão	el pimiento	el pi-mien-to
a batata	la papa, la patata	la pa-pa, la pa-ta-ta
o arroz	el arroz	el a-rros
o espinafre	la espinaca	la es-pi-na-ca
a abóbora	la calabaza	la ca-la-ba-ssa
a batata-doce	la papa dulce	la pa-pa dul-ce
o tomate	el tomate	el to-ma-te
a abobrinha	el calabacín	el ca-la-ba-cin

Tabela 11.3 As Frutas (Las Frutas)

Fruta	Espanhol	Pronúncia
a maçã	la manzana	la man-ssa-na
o damasco	el albaricoque	el al-ba-ri-co-ke
a banana	la banana, el plátano	la ba-na-na, el pla-ta-no
o mirtilo	el mirtilo	el mir-ti-lo
a cereja	la cereza	la ce-re-ssa
o coco	el coco	el co-co
a uva	la uva	la u-ba
a toranja	la toronja	la to-ron-rra
o limão	el limón	el li-mon
a lima	la lima	la li-ma
o melão	el melón	el me-lon
a azeitona	la aceituna	la a-cei-tu-na
a laranja	la naranja	la na-ran-rra
o pêssego	el melocotón	el me-lo-co-ton
a pera	la pera	la pe-ra
o abacaxi	la piña	la-pi-nha
a ameixa	la ciruela	la ci-rue-la
a ameixa seca	la ciruela pasa	la ci-rue-la-pa-ssa
as passas	la uva passa	la u-ba pa-ssa
a framboesa	la frambuesa	la fram-bue-ssa
a amora	la mora	la mo-ra
o morango	la fresa	la fre-ssa
a melancia	la sandía	la san-di-a

Tabela 11.4 As Carnes (Las Carnes)

Carne	Espanhol	Pronúncia
a carne bovina	la carne de vaca	la car-ne de ba-ca
a costela	la chuleta	la tchu-le-ta
a carne moída	la carne picada	la car-ne pi-ca-da
o filé mignon	el lomo fino	el lo-mo fi-no
o presunto	el jámon	el rra-mon
o hambúrguer	la hamburguesa	la am-bur-gue-ssa
a carne de cordeiro	la carne de cordero	la car-ne de cor-de-ro
o fígado	el hígado	el i-ga-do
a carne de porco	la carne de cerdo	la car-ne de cer-do
o rosbife	el rosbif	el ros-bif
a linguiça	el chorizo	el tcho-ri-sso
o bife	el bistec	el bis-tec
o ensopado	el estofado, el guisado	el es-to-fa-do el gui-ssa-do
a vitela	la carne de ternera	la car-ne de ter-ne-ra

Tabela 11.5 A Carne de Ave e de Caça (La Carne de Ave y de Caza)

Carne	Espanhol	Pronúncia
o frango	el pollo	el po-lho
o pato	el pato	el pa-to
o coelho	el conejo	el co-ne-rro
o peru	el pavo	el pa-bo

Tabela 11.6 O Peixe e Os Frutos do Mar (El Pescado y Los Mariscos)

Peixe	Espanhol	Pronúncia
a anchova	la anchoa	la an-tchoa
a merluza	la merluza	la mer-lu-ssa
o marisco	la almeja	la al-me-rra
o bacalhau	el bacalao	el ba-ca-lao
o caranguejo	el cangrejo	el ca-gre-rro
o linguado	el lenguado	el len-gua-do
o mero	el mero	el me-ro
a lagosta	la langosta	la lan-gos-ta
a cavala	la caballa	la ca-ba-lha
o tamboril	el rape	el ra-pe
o mexilhão	el mejillón	el me-rri-lhon
a ostra	la ostra	la os-tra
o pargo-vermelho	el pargo colorado	el par-go co-lo-ra-do
a vieira	la vieira	la bi-ei-ra
o camarão	los camarones, las gambas	los ca-ma-ro-nes, las gam-bas
o peixe-espada	el pez espada	el pes es-pa-da
a truta	la trucha	la tru-tcha
o atum	el atún	el a-tun

Tabela 11.7 Os Laticínios (Los Lácteos)

Laticínio	Espanhol	Pronúncia
a manteiga	la mantequilla	la man-te-ki-lha
o queijo	el queso	el ke-sso
o creme	la crema	la cre-ma
os ovos	los huevos	los ue-bos
o iogurte	el yogur	el io-gu<u>r</u>

Tabela 11.8 Produtos de Padaria (Productos de Panadería)

Produto	Espanhol	Pronúncia
o pão	el pan	el pan
o bolo, a torta	el pastel, la tortaa	el pas-tel, la to<u>r</u>-ta
o biscoito	la galleta	la ga-lhe-ta
o arroz doce	el arroz con leche	el a-<u>rr</u>os con le-tche
o pão doce	el pan dulce	el pan dul-ce

Tabela 11.9 Bebidas (Las Bebidas)

Bebida	Espanhol	Pronúncia
a cerveja	la cerveza	la cer-be-ssa
o champanhe	el champán	el tcham-pan
a sidra	la sidra	la si-dra
o café (gelado)	el café (helado)	el ca-fe (e-la-do)
o chocolate	el chocolate	el tcho-co-la-te
o suco	el jugo	el rru-go
a limonada	la limonada	la li-mo-na-da
o leite	la leche	la le-tche
o milk-shake	el batido de leche	el ba-ti-do de le-tche
a água mineral	el agua mineral	el a-gua mi-ne-ral
com gás	con gas	con gas
sem gás	sin gas	sin gas
o refrigerante	la gaseosa	la ga-sseo-ssa
o chá (gelado)	el té (helado)	el te (e-la-do)
o vinho	el vino	el bi-no

Pedindo a Quantidade Certa

Em países de língua espanhola, assim como no Brasil, o sistema métrico é usado para calcular as quantidades de comida. Líquidos são quantificados em litros e sólidos em quilos (e suas frações).

Também pode-se pedir uma caixa, um saco, um frasco e assim por diante.

Consulte a Tabela 11.10 para obter facilmente a quantidade que você quer ou precisa.

Tabela 11.10 Quantidades

Quantidade	Espanhol	Pronúncia
um saco de	un saco de	un sa-co de
um tablete de	una tableta de	u-na ta-ble-ta de
uma garrafa de	una botella de	u-na bo-te-lha de
uma caixa de	una caja de	u-na ca-rra de
uma lata de	una lata de	u-na la-ta de
uma dúzia de	una docena de	u-na do-ce-na de
um frasco de	un frasco de	un fras-co de
um pacote de	un paquete de	un pa-ke-te de
um pedaço de	un pedazo de	un pe-da-sso de
uma fatia de	un trozo de, una rebanada de	un tro-sso de, u-na r̲e-ba-na-da-de
um pouco	un poco de	un po-co de

Continua

Continuação

Quantidade	Espanhol	Pronúncia
muito(a)	mucho(a)	mu-tcho(a)
bastante	bastante, suficiente	bas-tan-te, su-fi-cien-te
demais	demasiado	de-ma-ssia-do

É Hora de Comer

O café da manhã, *el desayuno* (el de-ssaiu-no), geralmente se come entre as sete e nove da manhã nos países de língua espanhola. Normalmente é composto de café com leite, pão, manteiga, leite, queijo e presunto. *Churros* e chocolate quente também são muito apreciados.

Lanches e bebidas regionais (*batidas* [ba-ti-das] *y licuados* [li-cua-dos]) são consumidos no meio da manhã.

O almoço - *la comida* (la co-mi-da), ou *el almuerzo* (el al-muer-sso) - é servido entre 12h30min e 15h30min; e é considerado a principal refeição do dia. Inclui sopa, carnes ou peixe; legumes, saladas e sobremesa.

La merienda (la me-rien-da), é um lanche feito geralmente no final da tarde. Costuma incluir café ou chá, bolos e doces.

O jantar - *la cena* (la ce-na) ou *la comida* (la co-mi-da) - tende a ser mais leve que o almoço, já que é consumido tarde, normalmente depois das nove da noite.

Fazendo Reservas

Para fazer uma reserva em um restaurante certifique-se de incluir as informações necessárias:

Gostaria de reservar uma mesa ...
Quisiera hacer una reserva ...
ki-ssie-ra a-cer u-na re-sser-ba

... para esta noite.
para esta noche.
pa-ra es-ta no-tche

para amanhã à noite.
para mañana por la noche.
pa-ra ma-nha-na por la no-tche

para duas pessoas.
para dos personas.
pa-ra dos per-sso-nas

para as oito e meia da noite.
para las ocho y media.
pa-ra las o-tcho i me-dia

na varanda, por favor.
en la terraza, por favor.
en la te-rra-ssa por fa-bor

no canto.
en el rincón.
en el rin-con

perto da janela.
cerca de la ventana.
cer-ca de la ben-ta-na

Se você não reservar uma mesa e aparecer no restaurante sem avisar, *el jefe de comedor* (el rre-fe de co-me-dor), o "maître", certamente vai perguntar:

Uma mesa para quantas pessoas?
¿Una mesa para cuántas personas?
u-na me-ssa pa-ra cuan-tas per-sso-nas

Então responda:

Uma mesa para dois, por favor.
Una mesa para dos, por favor.
u-na me-ssa pa-ra dos por fa-bor

À Mesa

Agora que está sentado, você olha em volta e encanta-se com a fina porcelana, as taças de cristal, os guardanapos de linho e uma toalha de mesa impecável. Mas, espere um pouco... Está faltando um garfo e seu copo está trincado. A Tabela 11.11 fornecerá o vocabulário de que você precisa para pedir ao garçom talheres ou qualquer outro item que possa estar faltando. Lembre-se de dizer "*Necesito ...*" (ne-ce-ssi-to) para dizer ao garçom o que quer.

Tabela 11.11 Serviço de Mesa (Servicio de Mesa)

Item	Espanhol	Pronúncia
uma tigela	un tazón	un ta-sson
uma xícara	una taza	u-na ta-ssa
um prato	un plato	un pla-to
um garfo	un tenedor	un te-ne-dor
um copo	un vaso	un ba-sso
uma faca	un cuchillo	un cu-tchi-lho
um cardápio	un menú	un me-nu
um guardanapo	una servilleta	u-na ser-bi-lhe-ta
um talher	un cubierto	un cu-bier-to
um pires	un platillo	un pla-ti-lho
um prato fundo	un sopero	un so-pe-ro
uma colher	una cuchara	u-na cu-tcha-ra
uma toalha de mesa	un mantel	un man-tel
uma colher de chá	una cucharita	u-na cu-tcha-ri-ta
uma taça	una copa	u-na co-pa

O garçom se aproxima para entregar o cardápio e para saber o que você deseja beber antes do jantar. Você poderá usar uma das expressões abaixo para fazer seu pedido, tanto de comida quanto de bebida:

Qual é o prato do dia?
¿Cuál es el plato del día de hoy?
cual es pla-to del di-a de oi

Qual é a especialidade da casa?
¿Cuál es la especialidad de la casa?
cual es la es-pe-cia-li-dad de la ca-ssa

O que você recomenda?
¿Qué recomienda Ud.?
ke re-co-mien-da u-sted

Preciso de uma Explicação

Um cardápio em espanhol poder se tornar confuso e cansativo caso você não conheça nenhum termo de culinária. O garçom também pode se perder nas explicações. Os nomes dos itens do cardápio podem variar de acordo com a região. Mostramos aqui os mais comuns.

Tabela 11.12 Entendendo o Cardápio

Item	Pronúncia	Significado
	Molhos (Salsas)	
salsa de queso	sal-ssa de ke-sso	molho de queijo
salsa de tomate	sal-ssa de to-ma-te	molho de tomate
mole	mo-le	molho à base de pimenta e condimentos
guacamole	gua-ca mo-le	molho à base de abacate com tomate e pimenta
salsa cruda	sal-ssa cru-da	molho tipo vinagrete
salsa de tomatilla	sal-ssa de to-ma-ti-lha	molho de tomate verde
salsa de perejil	sal-ssa de pe-re-rril	molho de salsa
ajoaceite	arro-a-cei-te	molho de alho e óleo
	Entradas e Aperitivos	
aceitunas	a-cei-tu-nas	azeitonas
alcachofas	al-ca-tcho-fas	alcachofras
anguilas	an-gui-las	enguias
ahumados	au-ma-dos	defumados
calamar	ca-la-mar	lula
camarones, gambas	ca-ma-ro-nes, gam-bas	camarões
caracol	ca-ra-col	escargot
champiñones	tcham-pi-nho-nes	cogumelos

Continua

Continuação

cigala	ci-ga-la	lagostim
ensalada	en-ssa-la-da	salada
huevos	ue-bos	ovos
melón	me-lon	melão
moluscos	mo-lus-cos	moluscos
ostras	os-tras	ostras
papa/patata frita	pa-pa/pa-ta-ta fri-ta	batata frita
pimientos rellenos	pi-mien-tos re-lhe-nos	pimentões recheados
sardinas	sar-di-nas	sardinhas
tortilla*	tor-ti-lha	tortilha
	Sopas (Sopas)	
gazpacho	gas-pa-tcho	sopa de vegetais servida fria
potaje madrileño	po-ta-rre ma-dri-le-nho	sopa densa de bacalhau, espinafre e grão-de-bico
sopa de ajo	so-pa de a-rro	sopa de alho
sopa de albóndigas	so-pa de al-bon-di-gas	sopa de almôndegas
sopa de cebolla	so-pa de ce-bo-lha	sopa de cebola
sopa de fideos	so-pa de fi-de-os	sopa de macarrão
sopa de mariscos	so-pa de ma-ris-cos	sopa de mariscos
sopa de pescado	so-pa de pes-ca-do	sopa de peixe
sopa de verdura	so-pa de ber-du-ra	sopa de verdura

Continua

Continuação

Sobremesas (Postres)		
budín, pudín	bu-din, pu-din	pudim
dulce de leche	dul-ce de le-tche	doce de leite
helado	e-la-do	sorvete
leche frita	le-tche fri-ta	doce frito feito com farinha cozida com leite e açúcar
helado	e-la-do	sorvete
mousse	mou-sse	mousse
pastel	pas-tel	bolo
tarta, torta	to<u>r</u>-ta	torta

* Na Espanha, a *tortilla* é uma espécie de fritada feita com ovos e batata. Já no México (lugar onde há mais variedades do prato) e em outros países de língua espanhola, as *tortillas* geralmente são massas finas feitas com farinha de trigo ou de milho, recheadas com carne, queijo, vegetais e/ou outros ingredientes. Exemplos de tortillas são os *tacos* e os *burritos*.

Preparo Correto

É claro que você quer sua comida preparada do jeito que gosta. O garçom pode perguntar:

> Como o senhor o (os, a, as) quer?
> *¿Cómo lo (los, la, las) quiere?*
> co-mo lo (los, la, las) kie-re

Tabela 11.13 Preparando Corretamente

Termo	Espanhol	Pronúncia
assado	asado	a-ssa-do
fervido	hervido	er̲-bi-do
empanado	empanado	em-pa-na-do
grelhado	a la parrilla	a la pa-r̲ri-lha
ao forno	al horno	al or̲-no
picado	picado	pi-ca-do
frito	frito	fri-to
marinado	escabechado	es-ca-be-tcha-do
purê	puré	pu-re
pochê	escalfado	es-cal-fa-do
com molho	con salsa	con sal-ssa
salteado	salteado	sal-te-a-do
defumado	ahumado	au-ma-do
ao vapor	al vapor	al ba-por̲
refogado	estofado	es-to-fa-do
quase cru	casi crudo, vuelta y vuelta	ca-ssi cru-do, buelta i buelta
malpassado	poco hecho	po-co e-tcho
ao ponto	en su ponto	en su pun-to
bem passado	bien hecho	bien e-tcho

Continua

Continuação

	Os Ovos (Los Huevos)	
fritos	fritos	fri-tos
cozidos	duros	du-ros
pochê	escalfados	es-cal-fa-dos
mexidos	revueltos	re-buel-tos
quentes	pasados por agua	pa-ssa-dos por a-gua
omelete	tortilla francesa	tor-ti-lha fran-ce-ssa

Apimente!

Diferentes tipos de pimenta são usados na Espanha e em países de língua espanhola. Você vai depender da descrição do cardápio ou da ajuda do garçom para determinar se quer sua comida menos ou mais temperada. A Tabela 11.14 vai ajudar com os tipos de temperos que você pode encontrar.

Tabela 11.14 Ervas, Molhos e Condimentos (Hierbas, Especias y Condimentos)

Termo	Espanhol	Pronúncia
o manjericão	la albahaca	la al-ba-a-ca
a manteiga	la mantequilla	la man-te-ki-lha
o endro	el eneldo	el e-nel-do
o alho	el ajo	el a-rro
o gengibre	el jenjibre	el rren-rri-bre

Continua

Continuação

o mel	la miel	la miel
a geleia	la mermelada	la mer-me-la-da
o molho de tomate	la salsa de tomate	la sal-ssa de to-ma-te
o limão	el limón	el li-mon
a maionese	la mayonesa	la ma-io-ne-ssa
a mostarda	la mostaza	la mos-ta-ssa
o azeite	el aceite	el a-cei-te
o orégano	el orégano	el o-re-ga-no
a páprica	la páprika	la pa-pri-ca
a salsa	el perejil	el pe-re-rril
a pimenta	la pimienta	la pi-mien-ta
o alecrim	el romero	el ro-me-ro
o açafrão	el azafrán	el a-ssa-fran
o sal	la sal	la sal
o gergelim	el ajonjolí	el a-rron-rro-li
o açúcar	el azúcar	el a-ssu-car
o tomilho	el tomillo	el to-mi-lho
o vinagre	el vinagre	el bi-na-gre

Pedidos Especiais

Se você gosta de determinadas coisas, não gosta de outras ou está fazendo alguma dieta, tenha na ponta da língua as frases da Tabela 11.15.

Tabela 11.15 Restrições na Dieta

Frase	Espanhol	Pronúncia
Estou de dieta.	Estoy a régimen.	es-toi a re-rri-men
Sou vegetariano(a).	Soy vegetariano(a).	soi be-rre-ta-ria-no
Não posso consumir...	No puedo tomar...	no pue-do to-mar...
laticínios	lácteos	lac-teos
álcool	alcohol	al-co-ol
gordura saturada	grasas saturadas	gra-ssas ssa-tu-ra-das
frutos do mar	mariscos	ma-ris-cos
Estou procurando um prato...	Estoy buscando un plato...	es-toi bus-can-do un pla-to
com muita fibra	con mucha fibra	con mu-tcha fi-bra
com pouco colesterol	con poco colesterol	con po-co co-les-te-rol
com pouca gordura	con poca grasa	con po-ca gra-ssa
com pouco sal	con poca sal	con po-ca sal
não lácteo	no lácteo	no lac-teo
sem sal	sin sal	sin sal
sem açúcar	sin azúcar	sin a-ssu-car
sem corantes artificiais	sin colorantes artificiales	sin co-lo-ran-tes ar-ti-fi-cia-les
sem conservantes	sin conservantes	sin con-ser-ban-tes

Por Favor, Devolva para a Cozinha

Algumas vezes, o prato ou a arrumação da mesa podem não ser do seu agrado. A Tabela 11.16 mostra como expressar alguns problemas desse tipo.

Tabela 11.16 Possíveis Problemas

Problema	Espanhol	Pronúncia
Está frio.	Está frío.	es-ta fri-o
Está cru.	Está crudo.	es-ta cru-do
Passou do ponto.	Está sobrecocido.	es-ta so-bre-co-ci-do
Está queimado.	Está quemado.	es-ta ke-ma-do
Está muito salgado.	Está muy salado.	es-ta mui sa-la-do
Está muito doce.	Está muy dulce.	es-ta mui dul-ce
Está muito apimentado.	Está demasiado picante.	es-ta de-ma-ssia-do pi-can-te
Está amargo.	Está amargo.	es-ta a-a-mar-go
Está sujo.	Está sucio.	es-ta su-cio

Finais Felizes

Quando chegar a hora da sobremesa, escolha entre as delícias da Tabela 11.17.

Tabela 11.17 Sobremesas

Sobremesa	Espanhol	Pronúncia
o pudim	el flan	el flan
os biscoitos	las galletas	las ga-lhe-tas
o sorvete	el helado	el e-la-do
a torta	la tarta	la tar-ta
o bolo	el pastel	el pas-tel
o iogurte	el yogur	el io-gur

Tabela 11.18 Sorvetes

uma casquinha	un barquillo	un bar-ki-lho
uma taça	una copa	u-na co-pa
de chocolate	de chocolate	de tcho-co-la-te
de baunilha	de vainilla	de bai-ni-lha
de morango	de fresa	de fre-ssa
de pistache	de pistacho	de pis-ta-tcho

Tabela 11.19 Vinho

o vinho tinto	el vino tinto	el bi-no tin-to
o vinho rosé	el vino rosado	el bi-no r̲o-ssa-do
o vinho branco	el vino blanco	el bi-no blan-co
o vinho seco	el vino seco	el bi-no se-co
o espumante	el vino espumoso	el bi-no es-pu-mo-sso
o champanhe	el champán	el tcham-pan

Capítulo 12

Sendo Sociável

Neste Capítulo

- Diversão e entretenimento
- Convites: estendendo, aceitando e recusando

Você está partindo para a praia para fazer todo tipo de esporte náutico, vai subir a montanha para esquiar ou fazer longas caminhadas, irá para os campos de golfe ou para as quadras ou quem sabe, jogará uma partida de tênis? Você é cinéfilo ou fanático pelo teatro? Adora uma vibrante ópera ou um elegante balé? Talvez goste mesmo de jogar e passará bastante tempo em um cassino. Com a ajuda deste capítulo, você será capaz de fazer tudo que quiser, seja você o convidado ou o anfitrião.

Eu Adoro Esportes!

Não importa se você é daqueles que gosta de relaxar na praia, passa os dias contemplando o azul do mar ou se sente impelido a participar de toda e qualquer atividade esportiva possível, com certeza você vai precisar conhecer certas palavras e frases para expressar suas preferências. A Tabela 12.1 fornece uma lista de esportes e atividades ao ar livre. Os verbos *hacer** e *jugar*** + a + artigo definido (*el, la, los, las*) são frequentemente usados para expressar a prática dos esportes indicados com asterisco na tabela. Qualquer verbo indicado entre parênteses é usado no lugar de *jugar* ou *hacer*.

Eu (não) gosto ...	Eu (não) gosto ...
(um esporte)	(mais de um esporte)
(No) Me gusta ...	*(No) Me gustan ...*
(no) me gus-ta	(no) me gus-tan

Eu quero jogar

Quiero jugar + a + artigo definido

kie-ro rru-gar̲ a

ou

Quiero hacer ...

kie-ro a-cer̲

O verbo *querer* é irregular e pode ser seguido pelo infinitivo de outro verbo:

yo	*quiero*	kie-ro
tú	*quieres*	kie-res
él, ella, Ud.	quiere	kie-re
nosotros	*queremos*	ke-re-mos
vosotros	*queréis*	ke-reis
ellos, ellas, Uds.	*quieren*	kie-ren

Nós queremos jogar golfe.

Nosotros queremos jugar al golf.

no-sso-tros ke-re-mos rru-gar̲ al golf

Tabela 12.1 Esportes

Esporte	Espanhol	Pronúncia
aeróbica	los aeróbicos*	los ae-ro-bi-cos
o beisebol	el beísbol**	el beis-bol
o basquete	el baloncesto**, el basquetbol**	el ba-lon-ces-to, el bas-ket-bol
o ciclismo	el ciclismo* (montar a bicicleta)	el ci-clis-mo (mon-tar a bi-ci-cle-ta)
o fisiculturismo	el culturismo*	el cul-tu-ris-mo
a pescaria	la pesca (ir de pesca)	la pes-ca (ir de pes-ca)
o golfe	el golf**	el golf
a equitação	la equitación*	la e-ki-ta-cion
a corrida	el footing*	el fu-ting
o iatismo, a navegação	la navegación (navegar)	la na-be-ga-cion (na-be-gar)
o mergulho	el buceo (bucear)	el bu-ceo (bu-ce-ar)
o futebol	el fútbol**	el fut-bol
o surf	el surf** (surfear)	el surf (sur-fe-ar)
a natação	la natación* (nadar)	la na-ta-cion (na-dar)
o tênis	el tenis**	el te-nis
o voleibol	el voleibol**	el bo-lei-bol
o esqui aquático	el esquí acuático	el es-ki a-cua-ti-co

Os verbos *jugar** e *hacer***, usados com os esportes indicados na tabela anterior, são irregulares:

Jugar (rru-gar)

yo juego	(rrue-go)
nosotros jugamos	(rru-ga-mos)
tú juegas	(rrue-gas)
vosotros jugáis	(rrue-gais)
él, ella, Ud. juega	(rrue-ga)
ellos, ellas, Uds. juegan	(rrue-gan)

Hacer (a-cer)

yo hago	(a-go)
nosotros hacemos	(a-ce-mos)
tú haces	(a-ces)
vosotros hacéis	(a-ceis)
él, ella, Ud. hace	(a-ce)
ellos, ellas, Uds. hacen	(a-cen)

Equipamento Esportivo

Você sai de férias, mas não tem coragem de deixar seus tacos de golfe e raquetes nas mãos da companhia aérea. Ou então achava que não teria de jogar, mas agora que chegou, mudou de ideia. Você ainda pode aproveitar seu esporte favorito se fizer um empréstimo ou alugar o equipamento. Use estas frases quando se encontrar nessas situações:

Eu preciso ...

Me falta(n) ...	*Necesito ...*
me fal-ta(n)	ne-ce-ssi-to

Poderia me emprestar (alugar)...?
¿Podría Ud. prestarme (alquilarme)...?
po-dria us-ted pres-tar-me
(al-ki-lar-me)

Tabela 12.2 Equipamento Esportivo (El Equipo Desportivo)

Equipamento	Espanhol	Pronúncia
a bola	la bola	la bo-la
	la pelota	la pe-lo-ta
	el balón	el ba-lon
o taco	el bate	el ba-te
a bicicleta	la bicicleta	la bi-ci-cle-ta
o barco	el barco	el bar-co
a canoa	la canoa	la ca-no-a
o escafandro	la escafandra	la es-ca-fan-dra
vara de pescar	la caña de pesca	la ca-nha de pes-ca
os tacos de golfe	los palos de golf	los pa-los de golf
a rede	la red	la red
a raquete	la raqueta	la ra-ke-ta
os patins	los patines	los pa-ti-nes
os esquis	los esquís	los es-kis
a prancha	la tabla de surf	la ta-bla de surf

Mais Diversão

Talvez os esportes não façam parte da sua agenda de férias. Há muitas outras atividades que você pode procurar para passar bons momentos. As frases da Tabela 12.3 fornecem as ferramentas para que você encontre outras surpreendentes sugestões. Talvez você ache prazeroso ir uma noite à ópera, ao balé, ao teatro ou a um show. Não se esqueça de levar com você los gemelos (los rre-me-los), os "binóculos".

Tabela 12.3 Lugares Para Ir

El Lugar	Pronúncia	O Lugar
ir a la ópera	ir a la o-pe-ra	ir à ópera
ir a la playa	ir a la plaia	ir à praia
ir a la discoteca	ir a la dis-co-te-ca	ir à discoteca
ir a un ballet	ir a un ba-le	ir a um balé
ir a un casino	ir a un ca-ssi-no	ir a um cassino
ir al centro comercial	ir al cen-tro co-mer-cial	ir ao shopping
ir al cine	ir al ci-ne	ir ao cinema
ir a un concierto	ir a un con-cier-to	ir a um concerto, show
ir al teatro	ir al tea-tro	ir ao teatro
quedarse en casa	ke-dar-se en kah-sah	ficar em casa

No Cinema e na Televisão

Você quer um descanso? O tempo está ruim? Quer fugir de tudo e de todos? Sempre há o cinema e a televisão. Parece que a TV a cabo invadiu o mundo e pode satisfazer qualquer um que prefira passar algumas horas relaxando. Se quer este tipo de entretenimento, consulte a Tabela 12.4.

Que tipo de filme está passando?

¿Qué tipo de película están dando?

ke ti-po de pe-li-cu-la es-tan dan-do

O que está passando na televisão?

¿Qué hay en la televisión?

ke ai en la te-le-bi-sion

Tabela 12.4 Filmes e Programas de Televisão

Tipo de Programa	Espanhol	Pronúncia
um filme de ação	una película de aventura	u-na pe-li-ku-la de a-ben-tu-ra
um desenho animado	un dibujo animado	un di-bu-rro a-ni-ma-do
uma comédia	una comedia	u-na co-me-dia
um *game show*	un juego	un rrue-go
um filme de terror	una película de horror	u-na pe-li-ku-la de o-rror
um filme de amor	una película de amor	u-na pe-li-ku-la de a-mor

continua

Continuação

Tipo de programa	Espanhol	Pronúncia
um filme de suspense	una película de misterio	u-na pe-li-cu-la de mis-te-rio
o telejornal	el noticiario	el no-ti-cia-rio
um filme policial	una película policiaca	u-na pe-li-cu-la po-li-ci-a-ca
um filme de ficção científica	una película de ciencia ficción	u-na pe-li-cu-la de ci-en-cia fic-cion
um filme de espiões	una película de espías	u-na pe-li-cu-la de es-pi-as
um programa de entrevistas	un programa de entrevistas	un pro-gra-ma de en-tre-bis-tas
a previsão do tempo	el prognostico del tiem-po	el pro-nos-ti-co del tiem-po

Consulte as próximas frases quando for escolher um filme ou uma peça de teatro:

Proibida para menores de 18 anos que não estejam acompanhados de um adulto.
Prohibida para menores de 18 años a menos que estén acompañados por un adulto.

Para maiores de 13 anos.
Mayores de 13 años.

Versão original, com legendas.
Versíon original con subtítulos.

Versão dublada em espanhol.
Versíon doblada al español.

Tarifa reduzida.

Tarifa reducida.

Então, o Que Você Acha?

Se está gostando do programa, você poderá dizer:

Frase	Espanhol	Pronúncia
Adoro!	¡Me encanta!	me en-can-ta
É um bom filme.	Es una buena película.	es u-na-bue-na pe-li-cu-la
É engraçada.	¡Es divertida!	es di-ber-ti-da
É fantástica!	¡Es fantástica!	es fan-tas-ti-ca
É comovente.	¡Me conmueve!	me con-mue-be
É original.	¡Es original!	Es o-ri-rri-nal

Se não gostar, tente as seguintes frases:

Frase	Espanhol	Pronúncia
Odiei.	¡La odio!	la o-dio
É um filme ruim!	¡Es una mala película!	es u-na ma-la pe-li-cu-la
É péssimo!	¡Es un desastre!	es un de-ssas-tre
É um lixo!	¡Es una basura!	es u-na ba-ssu-ra
Sempre a mesma coisa!	¡Siempre es lo mismo!	siem-pre es lo mis-mo
É muito violenta!	¡Es demasiado violenta!	es de-ma-ssia-do bio-len-ta

Convites

Não é muito divertido jogar sozinho. Por que não convidar alguém para acompanhá-lo? Para fazer um convite, você poderá perguntar o seguinte:

> Você(s) quer(em) me(nos) acompanhar?
>
> *¿Quiere (Quieres) acompañarme (acompañarnos)?*
>
> kie-re (kie-res) a-com-pa-nhar̲-me (a-com-pa-nhar̲-nos)

Se for convidado para participar de alguma atividade esportiva ou para sair; para visitar um museu ou apenas para ficar na casa de alguém, as seguintes frases vão permitir que você, educadamente, aceite, recuse ou se mostre indiferente ao convite:

Frase	Espanhol	Pronúncia
	Aceitando	
Com prazer.	Con placer.	con pla-cer̲
Maravilhoso!	¡Magnífico!	mag-ni-fi-co
Se você quiser.	Si tú quieres. (Ud. quiere)	si tu kie-res (u-sted kie-re)
Concordo.	De acuerdo.	de a-cuer̲-do
Certamente.	Por supuesto.	por̲ su-pues-to
Boa ideia.	Es una buena idea.	es u-na bue-na i-dea
Por que não?	¿Por qué no?	por̲ ke no
Com muito prazer.	Con mucho gusto.	con mu-tcho gus-to

Continua

Continuação

Frase	Espanhol	Pronúncia
	Recusando	
Estou ocupado.	Estoy ocupado.	es-toi o-cu-pa-do
Sinto muito.	Lo siento.	lo sien-to
Estou cansado.	Estoy cansado.	es-toi can-ssa-do
Não posso.	No puedo.	no pue-do
Não tenho vontade.	No tengo ganas.	no ten-go ga-nas
Não quero.	No quiero.	no kie-ro
De novo?	¿Otra vez?	o-tra bes
	Mostrando Indiferença	
Não tenho preferência.	No tengo preferencia.	no ten-go pre-fe-ren-cia
Eu não sei.	Yo no sé.	djo no se
Depende.	Depende.	de-pen-de
Talvez.	Tal vez.	tal bes
O que você quiser.	Lo que Ud. prefiera (tú prefieras).	lo ke u-sted pre-fie-ra (tu pre-fie-ras)

Capítulo 13

Cuidados Pessoais

Neste Capítulo

- No cabelereiro
- Na tinturaria
- Na lavanderia
- Na sapataria
- Na ótica
- Na joalheria
- Na loja de artigos fotográficos
- Outros serviços

Você está viajando e tendo momentos maravilhosos. De repente, surge um problema urgente - as raízes brancas do seu cabelo estão aparecendo, você manchou com molho de tomate sua nova camisa branca, sua lente caiu no ralo da pia, o salto de seu sapato quebrou ou seu filho de 4 anos jogou sua câmera dentro da banheira.

Como você está longe de casa, hesita em relação ao que fazer. Não se preocupe. Você precisa somente saber o que dizer para solucionar o problema. Peça *las páginas amarillas* (las pa-rri-nas a-ma-ri-lhas, as páginas amarelas), leia os anúncios e em seguida explique o seu problema.

Mudando o Visual

Antigamente os homens iam para *la barbería* (bar-be-ria, o barbeiro) enquanto as mulheres iam para *el salón de belleza* (sa-lon de be-lhe-ssa, salão de beleza). Hoje em dia esses estabelecimentos se tornaram mais ou menos *unissex*, e homens e mulheres procuram, de forma geral, os mesmos serviços. Para conseguir o que deseja em um salão de beleza peça da seguinte forma:

Poderia me dar ...
Podría darme ...
po-dria dar-me

Queria ...
Quisiera ...
ki-ssie-ra

Atualmente, os salões prestam os serviços listados na Tabela 13.1.

Tabela 13.1 Salão de Beleza

Serviço	Espanhol	Pronúncia
um corte de cabelo	un corte de pelo	un cor-te de pe-lo
uma manicure	una manicura	u-na ma-ni-cu-ra
uma pedicure	una pedicura	u-na pe-di-cu-ra
um permanente	una permanente	u-na per-ma-nen-te
uma tintura	un tinte	un tin-te
uns cachos com bobes	un marcado con rulos	un mar-ca-do con ru-los
uma lavagem	un lavado	un la-ba-do
uma depilação	una depilación	u-na de-pi-la-cion
reflexos	reflejos	re-fle-rros
um corte em camadas	un corte en capas	un cor-te en ca-pas

Precisa de outros serviços? A Tabela 13.2 fornece as frases adequadas para solicitá-los. Use as seguintes frases antes de fazer seu pedido:

> Por favor, o senhor poderia ...
>
> *Podría Ud. ... por favor*
>
> Po-dria u-sted ... por fa-bor

Tabela 13.2 Outros Serviços

Serviço	Espanhol	Pronúncia
secar meu cabelo	secarme el pelo	se-car-me el pe-lo
enrolar meu cabelo	rizarme el pelo	ri-ssar-me el pe-lo
aparar	afeitarme	a-fe-i-tar-me
a barba	la barba	la bar-ba
o bigode	el bigote	el bi-go-te
o cabelo	la cabeza	la ca-be-ssa
as costeletas	las patillas	las pa-ti-lhas
alisar meu cabelo	estirarme el pelo	es-ti-rar-me el pe-lo
aparar minha franja	recortarme el flequillo	re-cor-tar-me fle-ki-lho

Conseguindo o Que Deseja

Já é bem difícil conseguir exatamente o corte de cabelo que se deseja sem a barreira da língua. Imagine então os "desastres" que podem acontecer se você não se fizer entender em um país estrangeiro! As frases seguintes vão ajudá-lo a expressar suas preferências estéticas e fazer com que sejam entendidas por seu *perluquero* (pe-lu-ke-ro), cabeleireiro:

Eu prefiro meu cabelo ...
Prefiero mi pelo ...
pre-fie-ro mi pe-lo

Quero um penteado ...
Quisiera un peinado ...
ki-ssie-ra un pei-na-do

Estilo	**Espanhol**	**Pronúncia**
longo	largo	lar-go
médio	mediano	me-dia-no
curto	corto	cor-to
ondulado	ondulado	on-du-la-do
encaracolado	rizado	ri-ssa-do
liso	lacio	la-cio

Se não quiser certos produtos em seu cabelo, não se iniba em dizer isso ao cabeleireiro.

Não coloque... por favor
No me ponga ... por favor
no me pon-ga por fa-bor

Produto	**Espanhol**	**Pronúncia**
condicionador	acondicionador	a-con-di-cio-na-dor
gel	gel	rrel
laquê	laca	la-ca
loção	loción	lo-cion
mousse	espuma	es-pu-ma
xampu	champú	tcham-pu

Não se esqueça de perguntar sobre a gorjeta:

A gorjeta está incluída?
¿Está incluida la propina?
es-ta in-clui-da la pro-pi-na

Problemas Gerais

As frases seguintes serão perfeitas para quando você estiver procurando por certos serviços ou precisar consertar alguma coisa. Use-as na lavanderia, no sapateiro, na ótica ou na joalheria:

A que horas você abre (fecha)?
¿A qué hora abre (cierra) Ud.?
ah ke o-ra a-bre (cie-rra) u-sted

Quais os dias em você que abre (fecha)?
¿Qué días está Ud. abierto (cerrado)?
ke di-as es-ta u-sted a-bier-to (ce-rra-do)

Você pode consertá-lo(s) hoje?
¿Puede Ud. arreglármelo (la, los, las) hoy?
pue-de u-sted a-rre-glar-me-lo (la, los, las) oi

Poderia consertá-lo(s) provisoriamente (enquanto espero)?
¿Puede arreglarme (la, los, las) temporariamente (mientras espero)?
pue-de u-sted a-rre-glar-me-lo (la, los, las) tem-po-ra-ria-men-te (mien-tras es-pe-ro)

Quanto tempo vou ter que esperar?
¿Cuánto tiempo tengo que esperar?
cuan-to tiem-po ten-go ke es-pe-rar

Quanto devo?
¿Cuánto le debo?
cuan-to le de-bo

Aceita cartões de crédito (cheques de viagem)?
¿Acepta tarjetas de crédito (cheques de viajero)?
a-cep-ta tar-rre-tas de cre-di-to
(tche-kes de bi-a-rre-ro)

Pode me dar um recibo?
¿Me puede dar un recibo?
me pue-de dar un re-ci-bo

Na Lavanderia

Você já desfez as malas. A sua camisa branca está toda amassada e sua calça bege está com uma mancha na qual você não tinha reparado antes. Não se desespere. As manchas, marcas, lágrimas e rugas têm solução se você souber explicar seu problema e pedir o serviço necessário:

Eu tenho um problema.	Tem ....
Tengo un problema.	*Hay ...*
ten-go un pro-ble-ma	ai

Frase	Espanhol	Pronúncia
um buraco	un hueco	un ue-co
falta um botão	falta un botón	fal-ta un bo-ton
faltam botões	faltan botones	fal-tan bo-to-nes
uma mancha	una mancha	u-na man-tcha

Agora que você explicou qual o problema, diga o que espera que seja feito:

Você pode lavar este... para mim (a seco)?
¿Puede Ud. lavarme este (esta, estos, estas) ... (en seco)?
pue-de u-sted la-bar-me es-te (es-ta, es-tos, es-tas) ... (en se-co)

Você poderia remendar este (esta, estes, estas) para mim?
¿Puede Ud. remendarme este (esta, estos, estas)?
pue-de u-sted re-men-dar-me es-te (es-ta, es-tos, es-tas)

Você poderia passar (engomar) este (esta, estes, estas) ... para mim?
¿Puede Ud. plancharme (almidonarme) este (esta, estos, estas) ...?
pue-de u-sted plan-tchar-me (al-mi-do-nar-me) es-te (es-ta, es-tos, es-tas) ...?

Preciso dele (dela, deles, delas) ...
Lo (la, los, las) necesito ...
lo (la, los, las) ne-ce-ssi-to ...

hoje. *hoy.* oi	amanhã. *mañana.* ma-nha-na
esta tarde. *esta tarde.* es-ta tar-de	depois de amanhã. *pasado mañana.* pa-ssa-do ma-nha-na

esta noite.
esta noche.
es-ta no-tche

semana que vem.
la proxima semana.
la pro-ksi-ma se-ma-na

Dica Extra

Se quiser que façam um serviço para você ou para outra pessoa, use o pronome de objeto indireto apropriado: *me* (para mim), *te* (para você), *le* (para ele ou ela), *nos* (para nós), *les* (para eles).

Você poderia costurar esta calça para ele?
¿Puede Ud. tejerle este pantalón?
pue-de u-sted te-rrer-le es-te pan-ta-lon

Lavanderia Automática

Se você está com uma pilha de roupas sujas e não se importa de lavá-las por conta própria, talvez seja bom experimentar uma lavanderia automática. Nesse caso, use as seguintes frases:

Quero lavar minhas roupas.
Quiero lavar mis ropas.
kie-ro la-bar-mis ro-pas

Quero que lavem minha roupa para mim.
Quiero que me laven la ropa.
kie-ro ke me la-ben la ro-pa

Se quiser fazer o trabalho você mesmo, use as seguintes frases:

Tem uma máquina de lavar (secadora) livre?
¿Hay una máquina de lavar (secadora) libre?
ai u-na ma-ki-na de la-bar (se-ca-do-ra) li-bre

Onde posso comprar sabão em pó?
¿Dónde puedo comprar jabón en polvo?
don-de pue-do com-prar rra-bon en pol-bo

Eu preciso de água sanitária.
Necesito lejía.
ne-ce-ssi-to le-rri-a

No Sapateiro

Vamos imaginar que você andou tanto que gastou completamente as solas dos seus sapatos. Ou talvez tenha quebrado um salto ou queira apenas engraxá-los.

As frases a seguir vão ajudá-lo a descrever seu problema:

Poderia consertar ... ?
¿Puede Ud. arreglarme...?
pue-de u-sted a-rre-glar-me

estes sapatos
estos zapatos
es-tos sa-pa-tos

este salto
este tacón
es-te ta-con

estas botas
estas botas
es-tas bo-tas

esta sola
esta suela
es-ta sue-la

Você vende cadarços para sapatos?
¿Vende Ud. cordones de zapatos?
be-de us-ted cor-do-nes de sa-pa-tos

Quando terá?
¿Cuándo los tendrá?
cuan-do los ten-dra

Preciso deles para terça (sem falta).
Los necesito para el martes (sin falta).
los ne-ce-ssi-to pa-ra el mar-tes (sin fal-ta)

Na Ótica

O que pode ser mais inconveniente do que perder suas lentes de contato ou, ainda, quebrar ou perder seus óculos quando está longe de casa? Para as pessoas que dependem desses objetos, as frases a seguir podem ser muito úteis:

Você poderia consertar estas lentes (estes óculos)?
¿Puede Ud. arreglarme estas lentes (gafas)?
pue-de us-ted a-rre-glar-me es-tas len-tes (ga-fas)

Você poderia apertar os parafusos?
¿Puede Ud. apretar los tornillitos?
pue-de us-ted a-pre-tar los tor-ni-lhi-tos

Preciso dos óculos imediatamente.
Necesito las gafas inmediatamente.
ne-ce-ssi-to las ga-fas in-me-dia-ta-men-te

Você poderia me dar outra lente?
¿Puede Ud. darme otra lentilla (otra lente) de contacto?
pue-de us-ted dar-me o-tra len-ti-lha (o-tra len-te) de con-tac-to

Você vende óculos de sol?
¿Vende Ud. lentes (gafas) de sol?
ben-de us-ted len-tes (ga-fas) de sol

Na Joalheria

Se o seu relógio parou ou não está funcionando bem, talvez ache necessário consertá-lo antes de voltar para casa.

Meu relógio não funciona.
Mi reloj no funciona.
mi rre-lo no fun-cio-na

Meu relógio está parado.
Mi reloj está parado.
mi rre-lo es-ta pa-ra-do

Meu relógio está adiantado (atrasado).
Mi reloj se adelanta (se atrasa).
mi rre-lo se a-de-lan-ta (se a-tra-ssa)

Quando ficará pronto?
¿Cuándo estará listo?
cuan-do es-ta-ra lis-to

Você vende pulseiras (baterias)?
¿Vende Ud. pulseras (baterias)?
ben-de us-ted pul-sse-ras (ba-te-ri-as)

Na Loja de Artigos Fotográficos

Para muitas pessoas, as férias só podem ser chamadas férias quando são fotografadas. Assim, caso precise de uma loja especializada em artigos fotográficos, as próximas palavras e frases serão bastante úteis:

Termo	Espanhol	Pronúncia
uma câmera	una cámara	u-na ca-ma-ra
um filme	una película	u-na pe-li-cu-la
uma câmera de vídeo	una videocámara	u-na bi-deo ca-ma-ra
uma câmera digital	una cámara digital	u-na ca-ma-ra di-rri-tal
um cartão de memória	una tarjeta de memoria	una tar-rre-ta de me-mo-ria

Se precisar de outros serviços, poderá dizer:

Você poderia consertar esta câmera?
¿Puede Ud. arreglar esta cámara?
pue-de a-rre-glar es-ta ca-ma-ra

Em quanto ficará o conserto?
¿Cuánto costará el arreglo?
cuan-to cos-ta-ra el arre-glo

Preciso o mais rápido possível.
Lo (la) necesito lo más pronto posible.
lo (la) ne-ce-ssi-to lo mas pron-to po-ssi-ble

Queria imprimir estas fotos.
Quiero imprimir estas fotos.
kie-ro im-pri-mir es-tas fo-tos

Outros Serviços

Talvez você precise de alguns serviços especiais de tempos em tempos. Por exemplo, você pode precisar saber onde fica o seu consulado porque perdeu o passaporte. Ou então, sua bolsa pode ter sido roubada e você precisa preencher um boletim de ocorrência. Talvez até queira a presença de um tradutor para evitar mais problemas. Nesse caso, as próximas frases deverão ajudá-lo:

Onde é ...?
¿Dónde está...?
don-de es-ta

a delegacia de polícia?
la comisaría de policía?
la co-mi-ssa-ria de po-li-cia

o consulado brasileiro?
el consulado brasileño?
el con-su-la-do bra-ssi-le-nho

a embaixada brasileira?
la embajada brasileña?
la em-ba-rra-da bra-ssi-le-nha

Eu perdi ...
Yo perdí...
djo per-di

meu passaporte
mi pasaporte
mi pa-ssa-por-te

minha carteira
mi cartera
mi car-te-ra

Me ajude, por favor?
Ayúdeme, por favor?
Aiu-de-me por fa-bor

Eu preciso de um intérprete.
Necesito un intérprete.
ne-ce-ssi-to un in-ter-pre-te

Há alguém aqui que fale português?
¿Hay alguien aquí que hable portugués?
ai al-guien- a-ki ke a-ble por-tu-gues

Capítulo 14

Tem um Médico Aqui?

Neste Capítulo

- Tudo sobre seu corpo
- Sinais e sintomas
- Doenças
- Informando há quanto tempo se sente assim

Adoecer quando se está longe de casa já é muito complicado. A situação pode piorar ainda mais se você não consegue dizer o que está sentindo. Neste capítulo, você aprenderá a explicar a regularidade e a intensidade dos sintomas de sua doença.

Onde Dói?

Quando viajamos é sempre bom estarmos preparados para as doenças. Para começar, familiarize-se com as partes do corpo na Tabela 14.1.

Tabela 14.1 Partes do Corpo

Parte do Corpo	Espanhol	Pronúncia
o tornozelo	el tobillo	el to-bi-lho
o braço	el brazo	el bra-sso
as costas	la espalda	la es-pal-da
o corpo	el cuerpo	el cuer-po
o cérebro	el cerebro	el ce-re-bro
a panturrilha	la pantorrilla	la pan-to-rri-lha
a bochecha	la mejilla	la me-rri-lha
o peito	el pecho	el pe-tcho
o queixo	la barbilla	la bar-bi-lha
a orelha	la oreja	la o-re-rra
o cotovelo	el codo	el co-do
o olho	el ojo	el o-rro
o rosto	la cara	la ca-ra
o dedo	el dedo	el de-do
o pé	el pie	el pie
a testa	la frente	la fren-te
a vesícula biliar	la vejiga de la bilis	la be-rri-ga de la bi-lis
a glândula	la glándula	la glan-du-la
o cabelo	el pelo	el pe-lo
a mão	la mano	la ma-no
a cabeça	la cabeza	la ca-be-ssa
o coração	el corazón	el co-ra-sson
o quadril	la cadera	la ca-de-ra
o rim	el riñon	el rri-nhon
o joelho	la rodilla	la ro-di-lha
a perna	la pierna	la pier-na
o lábio	el labio	el la-bio

Continua

Continuação

Parte do Corpo	Espanhol	Pronúncia
o fígado	el hígado	el i-ga-do
o pulmão	el pulmón	el pul-mon
a boca	la boca	la bo-ca
a unha	la uña	la u-nha
o pescoço	el cuello	el cu-e-lho
o nariz	la nariz	la na-riz
a pele	la piel	la piel
o ombro	el hombro	el om-bro
a coluna	la espina	la es-pi-na
o estômago	el estómago	el es-to-ma-go
a garganta	la garganta	la gar-gan-ta
o dedo do pé	el dedo del pie	el de-do del pie
a língua	la lengua	la len-gua
o dente	el diente	el dien-te
o punho	la muñeca	la mu-nhe-ca

Dói Bem Aqui

Quer evitar uma ida ao médico enquanto estiver viajando? O melhor conselho nesse caso é o seguinte: se seu estômago não é revestido de ferro, beba somente água tratada enquanto estiver viajando. Suponhamos que você tenha ignorado esse aviso, porque realmente acredita que a *Venganza de Moctezuma** (também conhecida como uma diarreia violenta) é coisa do passado. Então, você come saladas lavadas com água corrente ou pede um drink com

* "Venganza de Moctezuma" (vingança de Montezuma) é uma expressão que faz referência aos problemas gastrointestinais sofridos por turistas que chegam ao México por causa dos ingredientes fortes da comida.

bastante gelo, esquecendo-se dos efeitos gastrointestinais causados pelos cubos de gelo.
Você passou a maior parte do dia *en el baño* (no banheiro) e agora quer ir ao médico. A primeira e óbvia pergunta será: "O que você está sentindo?", "*¿Qué le pasa?*" (ke-le pa-ssa).
Para dizer o que está sentindo ou o que dói, diga:

Meu estômago dói.
Me duele el estómago.
me due-le el es-to-ma-go

Os pés dele doem.
Le duelen los pies.
le due-len los pies

Meu dente dói.
Me duele la muela.
me due-le la mue-la

O verbo doler concorda com a parte a que se refere. Assim, se a parte que dói está no singular, usamos *duele*, se está no plural, usamos *duelen.*

Você também pode usar *tener* (conjugado) + *dolor de* (*en*) + parte do corpo.

Tenho dor de estômago.
Tengo dolor de estómago.
ten-go do-lor de es-to-ma-go

Quais São os Sintomas?

Suponha que os sintomas que você está sentindo são mais específicos que uma simples dor ou mal-estar. A Tabela 14.2 fornece uma lista de possíveis sintomas, que podem ser úteis quando você tiver que descrever seu problema. Comece com "*Tengo ...*" (ten-go, "Tenho ...").

Tabela 14.2 Outros Sintomas

Sintoma	Espanhol	Pronúncia
um abscesso	un absceso	un abs-ce-sso
uma bolha	una ampolla	u-na am-po-lha
um furúnculo	un divieso	un di-bie-sso
um osso quebrado	un hueso roto	un ue-sso rro-to
uma contusão	una contusión	u-na con-tu-ssion
um inchaço	una hinchazón	u-na in-tcha-sson
uma queimadura	una quemadura	u-na ke-ma-du-ra
calafrios	escalofríos	es-ca-lo-fri-os
uma tosse	una tos	u-na tos
uma cãibra	un calambre	un ca-lam-bre
um corte	un corte	un cor-te
uma diarreia	una diarrea	u-na dia-rre-a
uma febre	una fiebre	u-na fie-bre
uma fratura	una fractura	u-na frac-tu-ra
uma indigestão	una indigestión	u-na in-di-rres-tion
uma infecção	una infección	u-na in-fec-cion
um nódulo	un bulto	un bul-to
uma enxaqueca	una jaqueca	u-na rra-ke-ca
uma dor	un dolor	un do-lor
uma erupção	una erupción	u-na e-rup-cion
uma torção	una torcedura	u-na tor-ce-du-ra
uma inflamação	una inflamación	u-na in-fla-ma-cion
uma ferida	una herida	u-na e-ri-da

Algumas outras frases úteis para explicar seus sintomas:

Estou tossindo.
Toso.
to-sso

Tenho náuseas.
Tengo náuseas.
ten-go nau-sseas

Não consigo dormir.
No puedo dormir.
no pue-do dor̲-mir̲

Dói o corpo todo.
Me duele todo el cuerpo.
me due-le to-do el cuer̲-po

Estou enjoado(a).
Estoy mareado(a).
es-toi ma-re-a-do(a)

Estou espirrando.
Estornudo.
es-tor̲-nu-do

Estou exausto(a).
Estoy agotado(a).
es-toi a-go-ta-do(a)

Estou sangrando.
Estoy sangrando.
es-toi san-gran-do

Me sinto mal.
Me siento mal.
me sien-to mal

Me sinto fraco.
Me siento débil.
me sien-to de-bil

Dizendo Como É

O médico pode fazer algumas perguntas pessoais sobre seu estado de saúde e histórico familiar. Esteja preparado, pois talvez tenha que preencher alguns formulários. O médico ou enfermeira poderá perguntar se você tem ou já teve algum dos sintomas listados na Tabela 14.3.

Já teve ...?	Sofre de ...?
¿Ha tenido ...?	*¿Sufre de ...?*
a te-ni-do ...	su-fre de

Tabela 14.3 Outros Sintomas e Doenças

Sintoma	Espanhol	Pronúncia
uma reação alérgica	una reacción alérgica	u-na r̲e-ac-cion a-ler̲-rri-ca
a apendicite	la apendicitis	la a-pen-di-ci-tis
a asma	el asma	el as-ma
a bronquite	la bronquitis	la bron-ki-tis
o câncer	el cáncer	el can-cer̲
um resfriado	un resfriado	un r̲es-fri-a-do
peito congestionado	pecho congestionado	pe-tcho con-rres-tio-na-do
a constipação	el constipado	el cons-ti-pa-do
a diabete	la diabetes	la di-a-be-tes
a vertigem	el vértigo	el ber̲-ti-go
a fadiga	la fatiga	la fa-ti-ga
a gripe	la gripe	la gri-pe
a febre do feno	la fiebre del heno	la fie-bre del e-no
un infar̲to	un ataque al corazón	un a-ta-ke al co-ra-sson
a hepatite	la hepatitis	la e-pa-ti-tis
o sarampo	el sarampión	el sa-ram-pion
a caxumba	las paperas	las pa-pe-ras
a pneumonia	la pulmonía	la pul-mo-nia
um ataque de apoplexia	un ataque de (la) apoplejía	un a-ta-ke de (la) a-po-ple-rri-a
uma insolação	una insolación	u-na in-sso-la-cion

Lembre-se de dar ao médico toda informação pertinente que possa ajudá-lo a tratá-lo adequadamente. Talvez você precise usar uma das seguintes frases:

Sinto essa dor desde ...
Tengo este dolor desde ...
ten-go es-te do-lor des-de

(Não) tem histórico de ... na minha família.
(No) hay incidencia de ... en mi familia.
(no) ai in-ci-den-cia de ... en mi fa-mi-lia

Eu (não) sou alérgico a ...
(No) soy alérgico(a) a ...
(no) soi a-ler-rri-co(ca) a

Eu tive ... faz ... anos.
Tuve ... hace ... años.
tu-be ... a-ce ... a-nhos

Estou tomando ....
Tomo ...
to-mo

Estou grávida.
Estoy embarazada.
es-toi em-ba-ra-ssa-da

Quer saber a seriedade do seu problema? Pergunte:

É sério (grave)?
¿Es serio (grave)?
es se-rio (gra-be)

É contagioso?
¿Es contagioso?
es con-ta-rrio-sso

Tenho que tomar esse remédio quantas vezes por dia?
¿Cuántas veces al dia tengo que tomar esta medicina?
cuan-tas be-ces al di-a ten-go ke
to-mar̲ es-ta me-di-ci-na

Quanto tempo tenho que ficar de cama?
¿Cuánto tiempo tengo que quedarme en cama?
cuan-to tiem-po ten-go ke ke-dar̲-me en ca-ma

Pode me dar um recibo para meu plano de saúde?
¿Puede darme un recibo para mi seguro médico?
pue-de dar̲-me u-n r̲e-ci-bo pa-ra mi se-gu-ro me-di-co

Explicações

Talvez você ache necessário explicar como alguma coisa aconteceu.

Eu caí.	Me cortei.	Me queimei.
Me caí.	*Me corté.*	*Me quemé.*
me ca-i	me cor̲-te	me ke-me

Há Quanto Tempo Está Sentindo Isso?

Seu médico provavelmente perguntará há quanto tempo você apresenta esses sintomas. A Tabela 14.4 mostra as duas maneiras possíveis para fazer essas perguntas e como você poderá respondê-las.

Tabela 14.4 Há Quanto Tempo Apresenta Esses Sintomas?

Pergunta	Resposta
¿Cuánto tiempo hace que + presente do verbo ... ? cuan-to tiem-po a-ce ke	Hace + tempo + que + presente do verbo a-ce ... ke
¿Desde cuándo ... + presente do verbo des-de cuan-do	presente do verbo + desde hace + tempo
Há quanto tempo você sofre de... ?	Há dois dias.
¿Cuánto tiempo hace que Ud. sufre de...? cuan-to tiem-po a-ce ke u-sted su-fre	Hace dos días (que sufro). a-ce dos di-as (ke su-fro)
Desde quando você sofre de... ? ¿Desde cuándo sufre Ud. de...? des-de cuan-do su-fre us-sted	Estou sentindo isso desde ontem. (Sufro) Desde ayer. (su-fro) des-de ai-er

Na Farmácia

Geralmente as farmácias nos países de língua espanhola vendem apenas artigos relacionados à saúde. Assim, não espere encontrar uma grande variedade de produtos como cosméticos, doces ou itens para a casa.

A maioria dos remédios só será vendida com a receita médica. Muitas grandes cidades possuem farmácias 24 horas, chamadas *farmacia de guardia* (far-ma-cia de guar-dia). Se uma drogaria estiver fechada, procure na porta por uma listagem das farmácias 24 horas.

Se estiver em busca de maquiagem, perfumes ou óleos, procure por *una perfumería* (u-na pe_r-fu-me-ri-a).

Quando quiser encontrar a farmácia mais próxima, deverá perguntar:

> Onde fica a farmácia (24 horas) mais próxima?
> *¿Dónde está la farmacia (de guardia) más cercana?*
> don-de es-ta la fa_r-ma-cia (de gua_r-dia) mas ce_r-ca-na

Quando falar com o farmacêutico, você deverá dizer o seguinte:

> Preciso de remédio.
> *Necesito medicina.*
> ne-ce-ssi-to me-di-ci-na

> Você poderia me dar os itens desta receita (imediatamente)?
> *¿Podria Ud. ejecutar esta receta (de seguida)?*
> po-dri-a u-sted e-rre-cu-ta_r es-ta _re-ce-ta (de se-gui-da)

> Quanto tempo vai demorar?
> *¿Cuánto tiempo tardará?*
> cuan-to tiem-po ta_r-da-ra

Quando estiver apenas procurando algo do balcão, a Tabela 14.5 o ajudará a encontrar na *farmacia*, na *perfumería* ou até no *supermercado*. Diga ao funcionário "*Busco...*" (bus-co), "Procuro..." ou "*Necesito ...*" (ne-ce-ssi-to), "Preciso...".

Tabela 14.5 Itens de Farmácia

Item	Espanhol	Pronúncia
	Para Homens e Mulheres	
o álcool	el alcohol	el al-co-ol
um antiácido	un antiácido	un an-ti-a-ci-do
um anti-histamínico	un antistamínico	un an-tis-ta-mi-ni-co
um antisséptico	un antiséptico	un an-ti-ssep-ti-co
a aspirina	la aspirina	la as-pi-ri-na
Band-Aid	una curita	u-na cu-ri-ta
uma escova	un cepillo	un ce-pi-lho
um pente	un peine	un pei-ne
as camisinhas	los condones	los con-do-nes
o algodão	el algodón hidrófilo	el al-go-don i-dro-fi-lo
as pastilhas para tosse	las pastillas para la tos	las pas-ti-lhas pa-ra la tos
o xarope para tosse	el jarabe para la tos	el rra-ra-be pa-ra la tos
o desodorante	el desodorante	el de-sso-do-ran-te
o remédio de ouvido	las gotas para los oídos	las go-tas pa-ra los o-i-dos

Continua

Continuação

Item	Espanhol	Pronúncia
o colírio	el colirio	co-li-rio
o gel	la gomina el gel	la go-mi-na el-rrel
o laquê	la laca	la la-ca
a bolsa térmica (para compressa)	la compresa de frío/calor	la com-pre-ssa de fri-o / ca-lor
uma bolsa de gelo	una bolsa para hielo	u-na bol-ssa para i-e-lo
um laxante	un laxante	un la-ksan-te
um espelho	un espejo	un es-pe-rro
o creme hidratante	la crema hidratante	la cre-ma i-dra-tan-te
a mousse	la espuma	la es-pu-ma
um antisséptico bucal	un enjuague bucal	un en-rrua-gue bu-cal
uma lixa	una lima	u-na li-ma
o cortador de unha	el cortauñas	el cor-ta-u-nhas
o descongestionante nasal	las gotas para la nariz	las go-tas pa-ra la na-riz
a máquina de barbear	la maquinilla de afeitar (eléctrica)	la ma-ki-ni-lha de a-fei-tar
a lâmina de barbear	la hoja de afeitar	la o-rra de a-fei-tar
o alfinete de fralda	el seguro, el imperdible	el se-gu-ro el im-per-di-ble
as tesouras	las tijeras	las ti-rre-ras
o xampu (anti-caspa)	el champú (anticaspa)	el tcham-pu (an-ti cas-pa)
o creme de barbear	la crema de afeitar	la cre-ma de a-fei-tar

Continua

Continuação

Item	Espanhol	Pronúncia
pílulas para dormir	las pastillas para dormir	las pas-ti-lhas pa-ra dor-mir
o sabonete	el jabón (una pastilla de jabón)	el rra-bon (u-na pas-ti-lha de rra-bon)
o bronzeador	bronceador	bron-ce-a-dor
um termômetro	un termómetro	un ter-mo-me-tro
os lenços de papel	los pañuelos de papel	los pa-nhue-los de pa-pel
a escova de dentes	el cepillo de dientes	el ce-pi-lho de dien-tes
a pasta de dente	la pasta de diente	la pas-ta de die-nte
as vitaminas	las vitaminas	las bi-ta-mi-nas
	Somente para Homens	
a loção pós barba	la loción post afeitado	la lo-cion post a-fei-ta-do
a colônia	la colonia	la co-lo-nia
	Somente para Mulheres	
o blush	el colorete	el co-lo-re-te
os grampos	los pasadores (de pelo)	los pa-ssa-do-res (de pe-lo)
um creme de limpeza	un demaquillador	un de-ma-ki-lha-dor
o lápis de olho	el lápiz de ojo	el la-pis de o-rro
o lápis de sobrancelhas	el lápiz de cejas	el la-pis de ce-rras
sombra	la sombra de ojos	la som-bra de o-rros
base	la base de maquillaje	la ba-sse de ma-ki-lha-rre

Continua

Continuação

Item	Espanhol	Pronúncia
batom	el pintalabios	el pin-ta la-bios
maquiagem	el maquillaje	el ma-ki-lha-rre
o rímel	el rímel	el ri-mel
o esmalte	el esmalte de uñas	el es-mal-te de u-nhas
a acetona	el quitaesmalte	el ki-ta-es-mal-te
o pó compacto	los polvos	los pol-bos
os absorventes	las toallas higiénicas	las to-a-lhas i-rrie-ni-cas
os absorventes internos	los tampones	los tam-po-nes
	Produtos para Bebês	
uma mamadeira	un biberón	un bi-be-ron
as fraldas (descartáveis)	los pañales (desechables)	los pa-nha-les (de-sse-tcha-bles)
uma chupeta	un chupete	un tchu-pe-te

Itens Especiais

Uma farmácia especializada em *el alquiler de aparatos médicos* (el al-ki-ler de a-pa-ra-tos me-di-cos), aluguel de equipamentos médicos, poderá também vender ou informar onde encontrar itens para deficientes físicos. Veja na Tabela 14.6.

Onde posso encontrar ...?
¿Dónde puedo obtener ...?
don-de pue-do ob-te-ner

Tabela 14.6 Necessidades Especiais

Item	Espanhol	Pronúncia
uma bengala	un bastón	un bas-ton
as muletas	las muletas	las mu-le-tas
um aparelho auditivo	un aparato para sordos	un a-pa-ra-to pa-ra sor-dos
um andador	un andador	un an-da-dor
uma cadeira de rodas	una silla, un sillón de ruedas	u-na si-lha, un si-lhon de rue-das

Capítulo 15

Mundo dos Negócios – Um Resumo

Neste Capítulo

- Como dar um telefonema
- Lidando com a correspondência
- Papelaria e materiais de escritório
- Fax e computadores

Lidar com negócios no exterior é sempre um desafio. É crucial saber como dar um telefonema, escrever uma carta, comprar o material de escritório necessário e lidar com os equipamentos, como o fax. Conhecer os termos de informática em qualquer idioma é sempre útil. Este capítulo vai ajudá-lo a lidar com essas questões.

Caso planeje fazer ligações internacionais de um país estrangeiro, seja para assuntos profissionais ou pessoais, espere que alguém o auxilie com o sistema de telefonia local. Essa operação difere de país para país e, portanto, do que você está acostumado a fazer em sua casa. Você precisa ter certeza de que expressará corretamente o que deseja dizer. A Tabela 15.1 vai ajudá-lo oferecendo algumas opções.

Tabela 15.1 Tipos de Chamadas Telefônicas

Tipo de Chamada	Espanhol	Pronúncia
uma chamada a cobrar	una llamada por cobrar, una llamada con cargo	u-na lha-ma-da por̲ co-brar, u-na lha-ma-da con car̲-go
uma chamada com cartão de crédito	una llamada con tarjeta de crédito	u-na lha-ma-da con tar̲-rre-ta de cre-di-to
uma chamada local	una llamada local	u-na lha-ma-da lo-cal
uma chamada de longa distância	una llamada de larga distancia	u-na lha-ma-da de lar̲-ga dis-tan-cia
uma chamada internacional	una llamada internacional	u-na lha-ma-da in-ter̲-na-cio-nal

A Tabela 15.2 apresenta as palavras necessárias para entender as orientações adequadas para fazer uma ligação telefônica em espanhol.

Tabela 15.2 Como Fazer Uma Ligação Telefônica

Ação	Espanhol	Pronúncia
telefonar	telefonear, llamar por teléfono	te-le-fo-ne-ar̲, lha-mar̲ por̲ te-le-fo-no
voltar a ligar	volver a llamar	bol-ber̲ a lha-mar̲
discar	marcar	mar̲-car̲
desligar	colgar	col-gar̲
introduzir o cartão	introducir la tarjeta	in-tro-du-cir̲ la tar̲-rre-ta
deixar recado	dejar un mensaje	de-rrar̲ un men-ssa-rre

Continua

Continuação

Ação	Espanhol	Pronúncia
saber o código de área	saber la clave/el código de área	sa-ber la cla-be / el co-di-go de a-rea
fazer uma ligação	hacer una llamada	a-cer u-na lha-ma-da
atender	descolgar	des-col-gar
esperar o sinal	esperar el tono, la señal	es-pe-rar el to-no, la se-nhal

Problemas

Você está tendo problemas ao ligar para casa? A seguir apresentamos algumas frases que você poderá dizer ou ouvir nessas situações.

Que número você está chamando?
¿Qué número está Ud. llamando?
ke nu-me-ro es-ta us-ted lha-man-do

(Eu tenho) Você tem um número errado.
(Yo tengo) Ud. tiene un número equivocado.
(djo ten-go) us-ted tie-ne un nu-me-ro e-ki-bo-ca-do

A ligação caiu.
Se cayo la llamada.
se cai-o la lha-ma-da

Por favor, disque novamente.
Remarque Ud. el número, por favor.
re-mar-ke us-ted el nu-me-ro por fa-bor

O telefone está com defeito.
El telefóno está descompuesto (dañado, fuera de servicio).
el te-le-fo-no es-ta des-com-pues-to
(da-nha-do, fue-ra de ser-bi-cio)

A ligação está com muito ruído.
Hay mucho ruido (muchos parásitos) en la línea.
ai mu-tcho rui-do (mu-tchos pa-ra-ssi-tos) en la li-nea

Prefiro Escrever

O custo de escrever uma carta, em vez de fazer uma ligação de longa distância, é muito menor. Nesse caso, a Tabela 15.3 mostra o vocabulário necessário para enviar sua correspondência.

Tabela 15.3 Termos para Correspondência e Correio

Termo	Espanhol	Pronúncia
o endereço	la dirección	la di-rec-cion
o destinatário	el destinatario	el des-ti-na-ta-rio
o correio áereo	el correo aéreo	el co-rre-o a-e-reo
o envelope	el sobre	el so-bre
a carta	la carta	la car-ta
a caixa dos correios	el buzón	el bu-sson
o pacote	el paquete	el pa-ke-te
o cartão postal	la tarjeta postal	la tar-rre-ta pos-tal

Continua

Continuação

Termo	Espanhol	Pronúncia
o carteiro	el cartero	el car-te-ro
a franquia	la tarifa de franqueo	la ta-ri-fa de fran-ke-o
o código postal	el código postal	el co-di-go pos-tal
o selo	el sello	el se-lho

Se você precisar somente de selos, economize tempo e pegue-os em *estancos* (es-tan-cos), que são lugares autorizados que vendem cigarros, carimbos e selos. Quando sua carta (ou postal) estiver pronta para ser enviada, procure as caixas de correio nas cores vermelha e amarela.

Encontrando Serviços

Você escreveu sua carta, a dobrou e colocou no envelope selado. Agora falta apenas achar uma agência ou uma caixa de correio. Se você não sabe onde encontrar uma, simplesmente pergunte:

> Onde fica a agência (ou caixa) de correio mais próxima?
> *¿Dónde está el correo (el buzón) más próximo?*
> don-de es-ta el co-rre-o (el bu-sson) mas pro-ksi-mo

Diferentes tipos de cartas e malotes precisam de formulários, papelada e tarifas postais específicas. Por isso, é importante saber como solicitar os serviços que você precisa.

> Qual é a tarifa postal para ...?
> *¿Cuál es la tarifa de franqueo para...?*
> cual es la ta-ri-fa de fran-ke-o pa-ra

Frase	Espanhol	Pronúncia
uma carta com seguro	una carta asegurada	u-na car-ta a-sse-gu-ra-da
uma carta para o Brasil	una carta a Brasil	u-na car-ta a bra-ssil
uma carta via aérea	una carta por correo aereo	u-na car-ta por co-rre-o a-e-reo
uma carta registrada	una carta registrada	u-na car-ta rre-rris-tra-da
uma carta urgente	una carta urgente	u-na car-ta ur-rren-te

Queria mandar esta carta (este pacote) por correio simples (aéreo, entrega expressa).
Quiero mandar esta carta (este paquete) por correo regular (aéreo, urgente).
kie-ro man-dar es-ta car-ta (es-te pa-ke-te) por co-rre-o rre-gu-lar (a-e-reo, ur-rren-te)

Qual o peso desta carta (deste pacote)?
¿Cuánto pesa esta carta (este paquete)?
cuan-to pe-ssa es-ta car-ta (es-te pa-ke-te)

Quando chega?
¿Cuándo llegará (llegarán)?
cuan-do lhe-ga-ra (lhe-ga-ran)

Preciso de Suprimentos

Para conduzir qualquer tipo de negócio com sucesso, é preciso ter à mão certos suprimentos. Sem dúvida, você terá que parar *en la papelería* (en la pa-pe-le-ri-a) a fim de abastecer seu escritório com os itens listados na Tabela 15.4. Comece dizendo:

> Queria comprar ...
>
> *Quisiera comprar ...*
>
> ki-ssie-ra com-prar

Tabela 15.4 Na Papelaria

Suprimento	Espanhol	Pronúncia
uma caneta	un bolígrafo	bo-li-gra-fo
uma calculadora (solar)	una calculadora (solar)	u-na cal-cu-la-do-ra so-lar
uns envelopes	unos sobres	u-nos so-bres
a cola	el pegamento	el pe-ga-men-to
um caderno	un cuaderno	un cua-der-no
papel	papel	pa-pel
uns lápis	unos lápices	u-nos la-pi-ces
um apontador	un sacapuntas	un sa-ca pun-tas
umas notas adesivas	unas notas adhesivas	u-nas no-tas a-de-ssi-bas
um clipe	un clip	un clip
uma régua	una regla	u-na re-gla
uma fita adesiva	una cinta adhesiva	u-na cin-ta a-de-ssi-ba
um grampeador	una grapadora	u-na gra-pa-do-ra
material de escritório	material de oficina	ma-te-ri-al de o-fi-ci-na
barbante	hilo bramante	i-lo bra-man-te
papel de embrulho	papel de envolver	pa-pel de en-bol-ber
um bloco	un bloc	un bloc

Passando Fax

A máquina de fax é tão importante quanto o telefone, apesar de ter perdido relevância com o aparecimento do e-mail e dos arquivos digitalizados.

Quando você pode mandar e receber informação em questão de segundos ou minutos, a velocidade dos seus negócios aumenta na mesma proporção. Isso resulta em maiores lucros. Se estiver negociando em países de língua espanhola, é bom conhecer os termos relacionados ao envio e recebimento de fax.

Você tem um fax?
¿Tiene Ud. un fax?
tie-ne us-ted un faks

Qual o seu número de fax?
¿Cuál es su número de fax?
cual es su nu-me-ro de faks

Queria passar um fax.
Quisiera mandar un fax.
ki-ssie-ra man-dar un faks

Passe por fax.
Envíemelo por fax.
en-bie-me-lo por faks

Não recebi seu fax.
Yo no recibí su fax.
djo no re-ci-bi su faks

Recebeu meu fax?
¿Recibió Ud. mi fax?
re-ci-bio us-ted mi faks

Sou Viciado em Informática

O computador hoje é indispensável. As frases a seguir vão ajudá-lo a lidar com as questões da área de informática, mesmo que você não seja um *nerd*.

Que tipo de computador você possui?
¿Qué tipo de computadora tiene Ud.?
ke ti-po de com-pu-ta-do-ra tie-ne us-ted

Que sistema operacional você está usando?
¿Qué sistema operativo usa Ud.?
ke sis-te-ma o-pe-ra-ti-bo u-ssa us-ted

Que processador de textos você usa?
¿Qué procesador de textos usa Ud.?
ke pro-ce-ssa-dor de teks-tos u-ssa us-ted

Que periféricos você usa?
¿Qué periféricos usa Ud.?
ke pe-ri-fe-ri-cos u-ssa us-ted

Nossos sistemas são compatíveis?
¿Son compatibles nuestros sistemas?
son com-pa-ti-bles nues-tros sis-te-mas

Dica Extra

Para falar de internet, use o termo *Internet* (in ter-net) ou *la Red* (la red).

Para falar de e-mail, use o termo *correo electrónico* (el co-rre-o e-lec-tro-ni-co).

Apêndice A

Expressões Úteis

Algumas expressões são formadas por palavras que, isoladamente, têm significado diferente do que têm quando estão inseridas em uma frase. Ou seja, seu sentido depende do contexto e do sentido das outras palavras. Essas expressões desafiam a lógica mas, por outro lado, permitem que você se expresse e fale em uma língua estrangeira do mesmo modo que os falantes nativos o fazem.

Algumas expressões são formadas com verbos. Para usá--las, simplesmente conjugue o verbo em concordância com o sujeito. Certifique-se de colocar o verbo no tempo correto (passado, presente, futuro).

acabar de + inf.	a-ca-bar de	acabar de
contar con	con-tar con	confiar em
creer que sí (no)	cre-er ke si (no)	achar que sim (não)
dar con	dar con	deparar-se com
dar un paseo	dar un pa-sse-o	dar uma volta
esperar que sí (no)	es-pe-rar ke si (no)	esperar que sim
hace buen (mal) tiempo	a-ce buen (mal) tiem-po	faz bom (mal) tempo
hace calor (frio)	a-ce ca-lor (fri-o)	está calor (frio)
hace fresco	a-ce fres-co	está fresco

hace sol	a-ce sol	faz sol
hace viento	a-ce bien-to	está ventando
hacer una pregunta	a-cer u-na pre-gun-ta	fazer uma pergunta
hacer un viaje	a-cer un bia-rre	fazer uma viagem
hacer una visita	a-cer u-na bi-ssi-ta	fazer uma visita
hacerse tarde	a-cer-sse tar-de	ser tarde
llegar a ser	lhe-gar a ser	tornar-se, chegar a ser
prestar atención	pres-tar a-ten-cion	prestar atenção
querer decir	ke-rer de-cir	querer dizer
tardar en	tar-dar en	demorar
tener ... años	te-ner a-nhos	ter ... anos
tener calor	te-ner ca-lor	sentir calor
tener cuidado	te-ner cui-da-do	*tomar cuidado*
tener dolor de	te-ner do-lor de	ter dor de
tener éxito	te-ner eksi-to	ter sucesso
tener frío	te-ner fri-o	sentir frio
tener ganas de	te-ner ga-nas de	ter vontade de
tener hambre	te-ner am-bre	ter fome
tener miedo a + subst.	te-ner mie-do a	ter medo de
tener miedo de + inf.	te-ner mie-do de	ter medo de
tener prisa	te-ner pri-ssa	ter pressa
tener que	te-ner ke	ter que
tener razón	te-ner ra-sson	ter razão
tener sed	te-ner sed	estar com sede
tener sueño	te-ner sue-nho	estar com sono
tratar de	tra-tar de	tentar
volver a	bol-ber a	voltar a

Agora veja alguns exemplos dessas expressões quando usadas em frases. Note como os diferentes sujeitos, tempos e modos verbais podem ser usados.

Cuento contigo.	Estou contando com você.
¿Qué quiere decir esto?	O que isso quer dizer?
Ellos prestaron atención.	Eles prestaram atenção.
Es necesario que tengas prisa.	Precisa se apressar.

Muitas expressões começam com uma preposição. Elas normalmente se referem ao tempo, viagem, localização e direção. Muitas expressões permitem que você expresse suas opiniões e sentimentos sobre as *coisas.*

a causa de	a cau-ssa de	por causa de
a eso de	a e-sso de	aproximadamente a
a menudo	a me-nu-do	frequentemente
a pesar de	a pe-ssar de	apesar de
a tiempo	a tiem-po	a tempo
a veces	a be-ces	às vezes
acerca de	a-cer-ca de	sobre
ahora mismo	a-o-ra mis-mo	agora mesmo
al fin	al fin	finalmente
algunas veces	al-gu-nas be-ces	algumas vezes
con mucho gusto	con mu-tcho gus-to	com muito prazer
cuanto antes	cuan-to an-tes	quanto antes
de acuerdo	de a-cuer-do	de acordo
de esta manera	de es-ta ma-ne-ra	deste modo
de memoria	de me-mo-ria	de cor
de moda	de mo-da	na moda
de nada	de na-da	de nada
de nuevo	de nue-bo	de novo
de pronto	de pron-to	de repente

de repente	de r̲e-pen-te	de repente
de vez en cuando	de bes en cuan-do	de vez em quando
dentro de poco	den-tro de po-co	logo, cedo
en casa	en ca-ssa	à vontade, em casa
en lugar de	en lu-gar̲ de	no lugar de
en medio de	en me-dio de	no meio de
en punto	en pun-to	em ponto
en seguida	en se-gui-da	imediatamente
en vez de	en bes de	em vez de
es decir	es de-cir̲	isto é
hasta luego	as-ta lue-go	até logo
hoy día	oi dia	hoje em dia
hoy en día	oi en dia	hoje em dia
los (las) dos	los (las) dos	os dois, as duas
más tarde	mas tar̲-de	mais tarde
muchas veces	mu-tchas be-ces	muitas vezes
mucho tiempo	mu-tcho tiem-po	muito tempo
no importa	no im-por̲-ta	não importa
otra vez	o-tra bes	outra vez
poco a poco	po-co a po-co	pouco a pouco
por ejemplo	por̲ e-rrem-plo	por exemplo
por eso	por̲ e-sso	por isso
por favor	por̲ fa-bor̲	por favor
por fin	por̲ fin	finalmente
por lo general	por̲ lo rre-ne-ral	em geral
por lo menos	por̲ lo me-nos	pelo menos
por supuesto	por̲ su-pues-to	claro
sin duda	sin du-da	sem dúvida
sin embargo	sin em-bar̲-go	porém, no entanto
tal vez	tal bes	talvez
todavía no	to-da-bi-a no	ainda não
todo el mundo	to-do el mun-do	todo mundo
ya no	dja no	não mais

Veja alguns exemplos:

Viajo en avión.	Viajo de avião.
No tenemos mucho tiempo.	Não temos muito tempo.
Repita, por favor.	Repita, por favor.
¿Vas al cine hoy?	Vai ao cinema hoje?
Tal vez.	Talvez.

As frases abaixo podem ser usadas em situações consideradas informais.

¡No es para tanto!	no es pa-ra tan-to	Não é para tanto!
¡Déjate de tonterías!	de-rra-te de ton-te-ri-as	Pare com isso!
¡Estoy harto de esto!	es-toi ar-to de es-to	Estou cheio disso!
¡No vale la pena!	no ba-le la pe-na	Não vale a pena!
¡Déjame en paz!	de-rra-me en pas	Me deixe em paz!
¡No te metas donde no te llaman!	no te me-tas don-de no te lha-man	Não se meta onde não é chamado!
¿De veras?	de be-ras	Verdade?
¡De ninguna manera!	de nin-gu-na ma-ne-ra	De jeito nenhum!
¡Qué va!	ke ba	Você está brincando!

Apêndice B

Dicionário Espanhol-Português

Este dicionário segue a ordem alfabética internacional. A combinação de letras *ch* e *ll* não são tratadas como letras separadas, portanto *ch* segue *cg* ao invés de estar depois do *c* e *ll* aparece após o *lk*, e não depois do *l*. Observe, entretanto, que o *ñ* é tratado como uma letra em separado e segue o *n* na ordem alfabética.

a	a, para
abrigo (m.)	casaco
abril	abril
abrir	abrir
aceite (m.)	óleo
aduana (f.)	alfândega
advertencia (f.)	advertência
agosto	agosto
agua (f.)	água
ahora	agora
ahorrar	poupar
ajo (m.)	alho
alegre	alegre
algodón (m.)	algodão
allá	ali, lá
almacén (m.)	armazém
alquilar	alugar
alto	alto
amarillo	amarelo
anaranjado	alaranjado
anillo (m.)	anel
antes (de)	antes de
anticaspa	anticaspa
aprender	aprender
aquí	aqui
arreglar	arrumar
arroz (m.)	arroz
asado	assado
ascensor (m.)	elevador
así	assim
asiento (m.)	assento
aterrizar	aterrizar
avión (m.)	avião
aviso (m.)	aviso
ayer	ontem
ayudar	ajudar
azúcar (m.)	açúcar
azul	azul
bajo	baixo
banco (m.)	banco
baño (m.)	banheiro
bastante	bastante
basura (f.)	lixo
beber	beber

bien	bem
bienvenido	bem-vindo
blanco	branco
boleto (m.)	bilhete
bolso (m.)	bolsa
bonito	bonito
botella (f.)	garrafa
bueno	bom
buscar	procurar
buzón (m.)	caixa de correio
caja fuerte (f.)	cofre
cajero automático (m.)	caixa automático
cama (f.)	cama
camarero (a)	garçom, garçonete
cambiar	mudar
cambio de dinero (m.)	câmbio
camisa (f.)	camisa
carne (f.)	carne
carta (f.)	carta, cardápio
cerca (de)	perto de
césped (m.)	grama
chaleco salva-vidas (m.)	colete salva-vidas
champú (m.)	xampu
ciento	cem
cinco	cinco
cincuenta	cinquenta
cine (m.)	cinema
cinturón de seguridad (m.)	cinto de segurança
claro	claro
coche (m.)	carro
collar (m.)	colar
comenzar (m)	começar
comer	comer
comisaría de policía	delegacia de polícia
como	como
comprar	comprar
comprender	compreender
computadora (f.)	computador
con	com
contestar	responder
contra	contra
corbata (f.)	gravata
creer	acreditar
cruzar	atravessar, cruzar
cual	qual
cuando	quando
cuanto(s)	quanto(s)
cuarenta	quarenta
cuatro	quatro
cubierto	nublado, coberto, talheres
dar	dar
de	de
de nada	de nada
de nuevo	de novo
debajo de	embaixo de
deber + inf.	ter que
deber de	dever (possibilidade)
decir	dizer
delante de	na frente de
demasiado	demais
desde	desde
después	depois
detrás de	atrás de
día (m.)	dia
diciembre	dezembro

diez	dez
dinero (m.)	dinheiro
dirección (f.)	endereço
doblar	dobrar
doce	doze
domingo	domingo
donde	onde
dos	dois
durante	durante
empleado (m.)	empregado
en	em
en seguida	imediatamente
enero	janeiro
enfermo	doente
enfrente de	em frente a
entender	entender
entre	entre
enviar	enviar
escribir	escrever
escuchar	ouvir
esperar	esperar
estar	estar
este (m.)	leste
febrero	fevereiro
firmar	assinar
franqueo (m.)	postagem
frente a	contra
fuera de servicio	quebrado, fora de serviço
ganar	ganhar
gerente (m.e f.)	gerente
gobernanta (f.)	governanta
grande	grande
gustar	gostar
hablar	falar
hacer	fazer
hacia	(em direção a), por volta de

hasta	até
helado (m.)	sorvete
hola	olá
hora (f.)	hora
hoy	hoje
huevo (m.)	ovo
iglesia (f.)	igreja
impermeable	capa de chuva
invierno (m.)	inverno
ir	ir
jefe (m.)	chefe
joven	jovem
joya (f.)	joia
jueves	quinta-feira
junio	junho
lápiz (m.)	lápis
largo	comprido
lavable	lavável
lavandería	lavanderia
leche (f.)	leite
leer	ler
lejos (de)	longe (de)
libro (m.)	livro
listo	pronto, esperto
llave (f.)	chave
llegar	chegar
lunes	segunda-feira
madre (f.)	mãe
maíz (m.)	milho
maleta (f.)	mala
malo	mau
mañana	amanhã, manhã
mano (f.)	mão
mantequilla (f.)	manteiga
manzana (f.)	maçã
martes	terça-feira
marzo	março
más	mais

mayo	maio
medio	meio
mejor	melhor
menos	menos
mensaje (m.)	mensagem
mercado (m.)	mercado
mes (m.)	mês
mesa (f.)	mesa
metro (m.)	metrô
mezclar	misturar, mesclar
miércoles	quarta-feira
mil	mil
mirar	olhar
moneda (f.)	moeda
montaña (f.)	montanha
montar	montar
mostrador (m.)	balcão
mucho(s)	muito(s)
muebles (m.pl.)	móveis
museo (m.)	museu
muy	muito (advérbio)
nadie	ninguém
naranja (f.)	laranja
negro	preto, negro
noche (f.)	noite
norte (m.)	norte
noticias (f.pl.)	notícias
noventa	noventa
noviembre	novembro
novio(a)	namorado(a)
nueve	nove
nuevo	novo
ochenta	oitenta
ocho	oito
octubre	outubro
oeste (m.)	oeste
oír	ouvir
ojo (m.)	olho
once	onze
ordenador (m.)	computador
oro (m.)	ouro
otoño (m.)	outono
padre (m.)	pai
pagar	pagar
país (m.)	país
panadería (f.)	padaria
pantalones (m.pl)	calças
para	para
parque (m.)	parque
pasar	passar
película (f.)	filme
pelo (m.)	cabelo
pequeño	pequeno
periódico (m.)	jornal
piso (m.)	chão, andar
pista (f.)	pista, faixa (de disco)
poco	pouco
policía	polícia
pollo (m.)	frango
poner	por
por favor	por favor
por	por
por que	por que
precio (m.)	preço
preguntar	perguntar
prestar	emprestar
primavera (f.)	primavera
primero	primeiro
pronóstico (m.)	prognóstico
pronto	logo
próximo	próximo
puerta (f.)	porta
que	que

querer	querer
quién	quem
quince	quinze
recibir	receber
recibo (m.)	recibo
reloj (m.)	relógio
revista (f.)	revista
rojo	vermelho
ropa (f.)	roupa
rubio	loiro
sábado	sábado
sacar	tirar
sal (f.)	sal
salida (f.)	saída
salir	sair
salsa (f.)	molho
saludar	saudar
seis	*seis*
sello (m.)	selo
semana (f.)	semana
ser	ser
sesenta	sessenta
setenta	setenta
septiembre	setembro
siempre	sempre
siete	sete
silla (f.)	cadeira
sin duda	sem dúvida
sin	sem
sitio (m.)	lugar
sobre	sobre
subir	subir
sucursal (f.)	sucursal, filial
sur (m.)	sul
tabaquería (f.)	tabacaria
también	também
tan	tão
tarde	tarde

tarifa (f.)	tarifa
tarjeta (f.)	cartão
tasa (f.)	taxa
temprano	cedo
tener ... años	ter ... anos
tener cuidado	ter cuidado
tener dolor de	ter dor de
tener éxito	ter sucesso, ter êxito
tener ganas de	ter vontade de
tener lugar	ter lugar
tener prisa	ter pressa
tener que + inf.	ter que + inf.
tener razón	ter razão
tener	ter
tiempo (m.)	tempo
tienda (f.)	loja
tienda de regalos	loja de presentes
tirar	atirar, estirar
todavía	ainda
todo	tudo
tomar	tomar
traer	trazer
traje	terno
trece	treze
treinta	trinta
tren (m.)	trem
tres	três
último	último
uno	um
usar	usar
valer	valer
veinte	vinte
vender	vender
venir	vir
venta (f.)	venda

ventana (f.)	janela
ventanilla (f.)	guichê
ver	ver
verano (m.)	verão
verde	verde
viaje (m.)	viagem
viejo	velho
viernes	sexta-feira
vivir	viver
volver	voltar
vuelo (m.)	voo
ya	já
zapato	sapato

Apêndice C

Dicionário Português-Espanhol

abacaxi *piña (f.)*

abaixar *bajar*

abelha *abeja (f.)*

abobrinha *calabacín (m.)*

aborrecer *molestar*

aborrecido *enfadado*

abril *abril*

abutre *buitre (m.)*

aceitar *aceptar*

acompanhar *acompañar*

aconselhável *aconsejable*

acordar *despertar*

açougue *carnicería (f.)*

açúcar *azúcar (m.)*

adiante *adelante*

adoecer *enfermarse*

aeroporto *aeropuerto (m.)*

agora *ahora*

agosto *agosto*

ainda *todavía*

alfândega *aduana (f.)*

alugar *alquilar*

amanhã *mañana*

amarelo *amarillo*

amostra *muestra (f.)*

âncora *ancla (f.)*

andamento *marcha*

andorinha *golondrina (f.)*

aniversário *cumpleaños*

anteontem *anteayer*

antisséptico bucal *enjuague bucal (m.)*

aposentar-se *jubilarse*

aquele *aquel*

aqui *aquí, acá*

aquilo *aquello*

ar condicionado *aire acondicionado (m.)*

arame *alambre (m.)*

areia *arena (f.)*

assento *asiento (m.)*

atalho *atajo (m.)*

até	*hasta*
atrapalhar	*estorbar*
atrasado	*en retraso*
avô	*abuelo (m.)*
azedo	*agrio*
bagagem	*equipaje (m.)*
baixo	*bajo*
banana	*banana (f.), plátano (m.)*
banca de jornal	*quiosco de periódicos (m.)*
banheiro	*baño (m.), cuarto de baño (m.), servicios(m.pl.)*
banho	*ducha (f.), baño (m.)*
barata	*cucaracha (f.)*
barbear-se	*afeitarse*
batata	*patata (f.), papa (f.)*
beco	*callejón (m.)*
bem	*bien*
bem-vindo	*bienvenido*
berço	*cuna (f.)*
biscoito	*galleta (f.)*
bolsa de estudos	*beca (f.)*
bom	*bueno*
braço	*brazo (m.)*
branco	*blanco*
brigar	*pelear*
buraco	*agujero (m.)*
cabeleireiro	*peluquero (m.)*
cabelo	*pelo (m.)*
cabide	*percha (f.)*
cadeira	*silla (f.)*
caixa	*caja (f.)*
caixa (atendente)	*cajero (m.)*
caixa automático	*cajero automático (m.)*
caixa de correio	*buzón (m.)*
calça	*pantalón (m.)*
câmbio	*cambio de dinero (m.)*
câmera	*cámara (f.)*
caneta	*bolígrafo (m.)*
capacete	*casco (m.)*
cardápio	*carta (f.), menú (m.)*
carro	*coche (m.), carro (m.), auto (m.)*
cartão-postal	*tarjeta postal (f.)*
cartão telefônico	*tarjeta telefónica (f.)*
catorze	*catorce*
cebola	*cebolla (f.)*
cedo	*temprano*
cego	*ciego*
cem	*ciento*
cenoura	*zanahoria (f.)*
cerveja	*cerveza (f.)*
céu	*cielo (m.)*
chá	*té (m.)*

chapéu	*sombrero (m.)*
chave	*llave (f.)*
chefe	*jefe (m.)*
chegar	*llegar*
chumbo	*plomo (m.)*
churrasqueira	*parrilla (f.), barbacoa (f.)*
cinco	*cinco*
cinema	*cine (m.)*
cinquenta	*cincuenta*
cinto de segurança	*cinturón de seguridad (m.)*
cinza (cor)	*gris, ceniza*
cinza	*ceniza (f.)*
cinzeiro	*cenicero (m.)*
ciúme	*celo (m.)*
copo	*vaso (m.)*
colher	*cuchara (f.)*
colher de chá	*cucharita (f.)*
começar	*comenzar, empezar*
comprido	*largo*
comprimido	*pastilla (f.)*
computador	*ordenador (m.), computadora (f.)*
consertar	*arreglar*
corte de cabelo	*corte de pelo (m.)*
cozinha	*cocina (f.)*
cueca	*calzoncillo (m.)*
curto	*corto*
custar	*costar*
dado (verbo)	*regalado*
dado	*dato (m.)*
data	*fecha (f.)*
decolagem	*despegue (m.)*
dedão	*pulgar (m.)*
delegacia	*comisaría (f.)*
demais	*demasiado*
depois	*después*
depositar	*depositar, ingresar*
desastre	*accidente (m.), siniestro (m.), desgracia (f.)*
descer	*bajar*
desconto	*descuento (m.)*
desejar	*desear*
dez	*diez*
dezembro	*diciembre*
dezenove	*diecinueve*
dezesseis	*dieciséis*
dezessete	*diecisiete*
dezoito	*dieciocho*
dinheiro	*dinero (m.)*
diversão	*diversión (f.)*
dizer	*decir*
doce	*dulce*
doente	*enfermo*
dois	*dos*
doze	*doce*
dúzia	*docena*

elevador	*ascensor* (m.)	fechar	*cerrar*
embaixo	*debajo*	feiticeiro	*hechicero (m.)*
embrulho	*paquete (m.)*	férias	*vacaciones (f.pl.)*
empregado	*empleado (m.)*	ferir	*herir*
emprego	*empleo (m.)*	fevereiro	*febrero*
encanador	*fontanero (m.) (Esp.), plomero (m.) (Amer.)*	ficar	*quedarse*
		fila	*cola (f.)*
encher	*llenar*	filha	*hija (f.)*
endereço	*dirección (f.)*	filho	*hijo (m.)*
ensinar	*enseñar*	filme	*película (f.)*
então	*entonces*	filtro solar	*protector solar (m.)*
escritório	*oficina (f.)*	fome	*hambre (f.)*
Espanha	*España*	frango	*pollo (m.)*
espelho	*espejo (m.)*	frequentemente	*a menudo*
espinafre	*espinaca (f.)*		
esquecer	*olvidar*	frigideira	*sartén (f.)*
esquisito	*raro, extraño, excéntrico*	fritar	*freír*
		futebol	*fútbol (m.)*
estojo	*estuche (m.), funda (f.)*	ganhar	*ganar*
		garçom	*camarero (m.), mozo (m.)*
estrada	*carretera (f.)*		
eu	*yo*	garfo	*tenedor (m.)*
exemplo	*ejemplo (m.)*	garrafa	*botella (f.)*
faca	*cuchillo (m.)*	geladeira	*heladera (f.)*
fada	*hada (f.)*	geleia	*mermelada (f.), jalea (f.)*
falar	*hablar*		
farinha	*harina (f.)*		
fatia	*rodaja (f.)*	gelo	*hielo (m.)*
fazer	*hacer*	gorjeta	*propina (f.)*
fechadura	*cerradura (f.)*	gostar	*gustar*

governador	*gobernador (m.)*	lá	*allí, allá*
governanta	*gobernanta (f.)*	lã	*lana (f.)*
greve	*huelga (f.)*	laço	*lazo (m.)*
guarda-chuva	*paraguas (m.pl.)*	lâmpada	*lámpara (f.)*
guardanapo	*servilleta (f.)*	lanchar	merendar
guichê	*ventanilla (f.)*	laranja	naranja (f.)
hambúrguer	*hamburguesa (f.)*	largo	ancho
hoje	*hoy*	legume	legumbre (f.)
honra	*honor (m.)*	lei	*ley (f.)*
hóspede	*huésped (m.)*	lembrança	*recuerdo (m.)*
idade	*edad (f.)*	lenço	*pañuelo (m.)*
igreja	*iglesia (f.)*	ler	*leer*
ilha	*isla (f.)*	limão	*limón (m.)*
imposto	*impuesto (m.)*	língua	*lengua (f.)*
imprensa	*prensa (f.)*	livraria	*librería (f.)*
inveja	*envidia (f.)*	livro	*libro (m.)*
inverno	*invierno (m.)*	logo	*pronto*
irmã	*hermana (f.)*	loja	*tienda (f.)*
irmão	*hermano (m.)*	longe	*lejos*
isqueiro	*encendedor (m.)*	maçã	*manzana (f.)*
já	*ya*	macaco	*mono (m.)*
janeiro	*enero*	macarrão	*fideos (m.pl.)*
janela	*ventana (f.)*	mãe	*madre (f.)*
jantar	*cena (f.)*	magro	*delgado, flaco*
joelho	*rodilla (f.)*	maio	*mayo*
jogo	*juego (m.)*	maior	*mayor*
jornal	*periódico (m.)*	mala	*valija (f.)*
jornalismo	*periodismo (m.)*	maluco	*chiflado*
julho	*julio*	mamadeira	*biberón (m.), mamadera (f.), pacha (f.)*
junho	*junio*		

mamãe	*mamá (f.), mamita (f.), mamacita (f.)*
manhã	*mañana (f.)*
manteiga	*mantequilla (f.), manteca (f.)*
mão	*mano (f.)*
maquiagem	*maquillaje (m.)*
março	*marzo*
mau	*malo (m.)*
médico	*médico (m.), doctor (m.)*
meia	*calcetín (m.), media (f.)*
mel	*miel (f.)*
melancia	*sandía (f.)*
melhor	*mejor*
moeda	*moneda (f.)*
molho	*salsa (f.)*
momento	*rato (m.)*
morango	*fresa (f.), frutilla (f.)*
morar	*vivir*
mostrar	*mostrar, enseñar*
museu	*museo (m.)*
Natal	*Navidad (f.)*
ninguém	*nadie*
noite	*noche (f.)*
nome	*nombre (m.)*
nove	*nueve*
novembro	*noviembre*
noventa	*noventa*
nuvem	*nube (f.)*
obrigado	*gracias*
óculos	*gafas (f.pl), anteojos (m.pl.)*
oficina	*taller (m.)*
oi	*hola*
oitenta	*ochenta*
oito	*ocho*
olhar	*mirar*
olho	*ojo (f.)*
omelete	*tortilla francesa (f.)*
onze	*once*
ônibus	*autobús (m.), colectivo (m.), ómnibus (m.)*
ontem	*ayer*
ordenado	sueldo *(m.)*
orelha	*oreja (f.)*
osso	*hueso (m.)*
outubro	*octubre*
ouvir	*oír*
ovo	*huevo*
pacote	*paquete (m.)*
padaria	*panadería (f.)*
pai	*padre (m.)*
paletó	*chaqueta (f.), saco (m.)*

panela	*olla (f.)*
pão	*pan (m.)*
parabéns	*felicitaciones (f.pl.)*
parafuso	*tornillo (m.)*
passagem	*billete (m.), pasaje (m.)*
pau	*palo (m.)*
pedaço	*trozo (m.)*
peixe	*pez (animal) (m.), pescado (alimento) (m.)*
pente	*peine (m.)*
pequeno	*pequeño*
perguntar	*preguntar*
perto	*cerca*
peru	*pavo (m.)*
pipoca	*pochoclo (m.), palomita (f.)*
pires	*platillo (m.)*
pneu	*llanta (f.), goma (f.)*
pó	*polvo (m.)*
pôr	*poner*
porco	*cerdo (m.), cochino (m.), puerco (m.)*
pouco	*poco*
poupança	*caja de ahorros (f.)*
praia	*playa (f.)*
preço	*precio (m.)*
prego	*clavo (m.)*
pressa	*prisa (f.)*
presunto	*jamón (m.)*
quadra	*cancha (f.)*
quadrado	*cuadrado (m.)*
qual	*cual*
quando	*cuando*
quatro	*cuatro*
queijo	*queso (m.)*
quem	*quien*
quente	*caliente*
quarenta	*cuarenta*
quarta-feira	*miércoles*
quinta-feira	*jueves*
quinze	*quince*
rã	*rana (f.)*
rapaz	*muchacho (m.), joven (m.)*
rato	*ratón (m.)*
refrigerante	*gaseosa (f.), soda (f.)*
relógio	*reloj (m.)*
rodela	*rodaja (f.)*
rolha	*corcho (m.)*
roupa de banho	*traje de baño (f.)*
roxo	*morado*
saia	*falda (f.), pollera (f.)*
saída	*salida (f.)*
sangue	*sangre (f.)*
sapato	*zapato (m.)*
saudação	*saludo (m.)*
segunda-feira	*lunes*

seis	*seis*
selo	*sello (m.)*
sem	*sin*
sessenta	*sesenta*
sete	*siete*
setembro	*septiembre*
setenta	*setenta*
sexta-feira	*viernes*
sobremesa	*postre (m.)*
sorvete	*helado (m.)*
sujo	*sucio*
sul	*sur*
tabacaria	*tabaquería (f.)*
taça	*copa (f.)*
tartaruga	*tortuga (f.)*
taxa	*tasa (f.)*
telefone	*teléfono (m.)*
telefone sem fio	*teléfono inalámbrico (m.)*
telha	*teja (f.)*
tênis	*tenis (m.), zapatilla (f.)*
ter	*tener*
terça-feira	*martes*
terno	*traje (m.)*
tesoura	*tijera (f.)*
teto	*techo (m.)*
teu	*tuyo*
tijolo	*ladrillo (m.)*
toalha	*toalla (f.)*
torneira	*grifo (m.), canilla (f.)*
trabalhar	*trabajar*
travesseiro	*almohada (f.)*
trazer	*traer*
trem	*tren (m.)*
três	*tres*
treze	*trece*
trinta	*treinta*
uno	*un*
urso	*oso (m.)*
útil	*útil, provechoso*
vacina	*vacuna (f.)*
vassoura	*escoba (f.)*
velho	*viejo*
verão	*verano (m.)*
vermelho	*rojo*
viagem	*viaje*
vinte	*veinte*
vir	*venir*
voo	*vuelo (m.)*
vós	*vosotros*
vovô	*abuelo (m.), abuelito (m.)*
xampu	*champú*
zebra	*cebra* (f.)
zero	*cero*

Índice

A

B

C

D

E

F

G

H

I

J-K-L

M

N-O

P

R

S

T

V

Impresso na Rotaplan Gráfica e Editora LTDA
www.rotaplangrafica.com.br
Tel.: 21-2201-1444